LES INSÉPARABLES

Dominique Missika est écrivaine et historienne. Ancienne directrice de la rédaction de la chaîne Histoire et productrice extérieure à France Culture, elle est également directrice éditoriale des éditions Tallandier. Elle est membre du comité scientifique du mémorial d'Izieu, présidé par Serge Klarsfeld, et membre de la Fondation pour la mémoire de la Shoah. Elle a publié plusieurs ouvrages sur la France sous l'Occupation, dont *L'Institutrice d'Izieu*.

DOMINIQUE MISSIKA

Les Inséparables

Simone Veil et ses sœurs

ÉDITIONS DU SEUIL

ISBN : 978-2-253-10131-4 – 1re publication LGF

À la mémoire de Denise

À la mémoire de Simone

La Ciotat. Été 1934. Quatre enfants en maillot de bain sur la plage. Ils posent. Bien alignés, de l'aînée à la cadette. D'abord, Madeleine, 11 ans, dite Milou, grande pour son âge, Denise, 10 ans, boucles blondes, Jean, 9 ans, bras croisés, et la petite dernière, Simone, 7 ans, un peu à l'écart, la mine boudeuse. La future Simone Veil.

« L'histoire commence comme un conte de fées. Il était une fois, sous le soleil du Midi, à Nice, une famille sereine et unie, à qui l'avenir promettait le bonheur et la paix », raconte Jean d'Ormesson lors de la réception de Simone Veil à l'Académie française.

La suite est une tragédie.

Prologue

Ma première rencontre avec Denise remonte à l'automne 1990. Elle habitait 1, avenue de l'Observatoire, en face de l'entrée du Luxembourg dans un immeuble spectaculaire. Décoré de têtes de lions, d'éléphants et de personnages, il se dresse majestueusement au coin de la rue Auguste-Comte, à cinquante mètres du boulevard Saint-Michel. Il faut sonner sur le bouton AV (comme Alain Vernay) sur la droite d'une immense porte cochère en bois, grimper l'escalier en marbre sur la gauche dont les marches sont recouvertes d'un tapis rouge. Pour une raison obscure, je n'arrivais jamais à me souvenir de l'étage. Quand je sortais de l'ascenseur au mauvais étage, j'entends encore Denise m'interpeller avec un brin d'exaspération « Vous vous êtes encore trompée ». Mais elle m'ouvrait la porte avec son joli sourire et son regard bienveillant.

Pas une rencontre sans que je lui demande de me confier son témoignage. Pas une rencontre où elle ne me dise non. Ce que j'ignorais, c'est qu'elle en riait ! Je le sus le jour où je recommandai à Emmanuel Laurentin de France Culture de l'interroger sur son rôle d'agent de liaison : elle s'était auprès de lui gentiment moquée de mon acharnement. À défaut d'avoir réussi à le lui faire écrire, j'ai été récompensée par tous les articles et les notes écrites de sa main au stylo bille noir qu'elle m'a remis au fil de mes visites, et qui aujourd'hui me permettent de raconter son histoire.

Lors d'une de ces entrevues, Denise avait fini par me donner une copie du texte qu'elle avait rédigé au mois d'août 1945, quatre mois après sa libération de Mauthausen, et qui commence par des images bucoliques dans le style d'une promenade à la campagne. « On y arrive par un petit chemin légèrement encaissé longeant des prés verts : un ruisseau anime le vallon. Des arbres, des fleurs jaunes semblables à des boutons d'or… » Puis on bascule dans l'horreur, et on finit par « et ceci se passait dans des temps très anciens », comme si elle luttait contre l'effacement des visions de l'enfer, la brume, les marais, les miradors, le froid atroce l'hiver, le soleil aveuglant l'été, et se demandait si tout cela avait été réel. Était-ce bien elle qui était revenue de là-bas ?

Chaque fois, je la croyais sur le point de se lancer dans le récit de ses souvenirs. Elle avait donc témoigné à son retour, alors que les cauchemars l'envahissaient et les images l'encombraient, tout en doutant d'elle et de sa capacité à transmettre. Elle ne parvenait pas à s'y remettre. Espoir déçu chaque fois. D'un haussement des épaules, elle me signifiait son refus. Installée dans son fauteuil droit, plus haut que le canapé beige où j'étais assise, elle me répondait par des phrases courtes, laconiques, souvent inachevées. Je l'écoutais, sa voix harmonieuse, ses gestes étaient distingués et gracieux. Sa mémoire n'était pas bonne, disait-elle, d'autres avaient raconté ou raconteraient mieux qu'elle. Il ne lui restait que des « flashs ». Sa tête se vidait, prétendait-elle, les mots ne venaient pas. Je la sentais cafardeuse. Son regard devenait indéchiffrable, mais il émanait d'elle tant de tristesse que j'étais désarçonnée. À la voir, elle semblait heureuse d'évoquer le passé, voire désireuse de le faire et, en même temps, elle me donnait l'impression de « plonger » et de s'éloigner.

Je fis vraiment connaissance de Simone Veil en 2001. Je lui avais adressé une lettre pour lui faire part de mon désir d'œuvrer au sein de la Fondation pour la Mémoire de la Shoah où je siège toujours.

Un de mes souvenirs les plus marquants de nos échanges remonte au printemps 2004. Un début d'après-midi, j'étais dans le hall des éditions Robert Laffont où je travaillais, quand je reçus un appel : « Ici, Simone Veil. C'est inadmissible. Personne ne travaille sur le retour des déportés. Vous devriez y travailler. Il n'y a pas de temps à perdre. » S'ensuivit le récit de son séjour en Suisse à l'été 1945, les questions stupides qu'on lui avait posées, l'absence d'écoute, la priorité donnée aux déportés résistants. J'ai obéi à son injonction.

Le plus troublant, c'était d'écouter sa sœur aînée, Denise, qui gardait, elle aussi, un mauvais souvenir de l'après-guerre. Engagée dans la Résistance, déportée à Ravensbrück, elle parlait peu de ses premiers jours de liberté à Annecy où un convoi de la Croix-Rouge l'avait rapatriée le 29 avril 1945. Elle préférait de loin raconter les tracts qu'elle distribuait à 16 ans au lycée Albert-Calmette de Nice ou des slogans entendus à l'antenne de Radio Londres qu'elle recopiait sur le tableau noir de la classe.

Je les admirais toutes les deux, et elles me fascinaient. D'abord parce qu'elles étaient belles et élégantes. Ensuite parce qu'il émanait d'elles à la fois une forte autorité et une immense délicatesse. Ni l'une ni l'autre n'étaient commodes, et l'avouerais-je, elles me terrorisaient parfois par leur emportement, leur aplomb, leur manière d'affirmer ce qu'elles pensaient, de vous regarder comme si vous aviez dit une énormité, commis un sacrilège, prononcé une parole ou proféré une opinion qui risquait de vous bannir définitivement de leur considération.

Jamais elles ne m'interrogeaient sur les raisons de mon intérêt pour les camps de la mort. C'était un fait acquis. J'avais en quelque sorte réussi mon examen de passage, j'étais de leur côté, à leur côté. Une génération nous séparait, ce qui faisait de moi le témoin des témoins. J'ai tendance à supposer qu'elles appréciaient mon écoute pleine d'empathie et dénuée de pitié. J'œuvrais pour la mémoire des victimes de la Seconde Guerre mondiale depuis longtemps, elles l'appréciaient. Nos rendez-vous avaient le charme des conversations à bâtons rompus, sauf quand j'étais le réceptacle de leurs colères ou de leurs indignations à la suite d'une commémoration oubliée, d'un ouvrage sur Auschwitz ou Ravensbrück passé inaperçu, ou d'un débat indigent à la télévision.

Le visage fermé, Denise me regardait d'un air dubitatif quand je m'embrouillais dans de vagues explications pour justifier mon absence à une cérémonie ou mon retard à fixer la rencontre avec un résistant qu'elle m'avait recommandé. Elle avait apprécié la biographie que j'avais consacrée à une héroïne de la Résistance, Berty Albrecht, mais elle tenait pour important de parler des familles entières qui s'étaient engagées dans la Résistance. Ce sera le sujet d'un livre illustré que je publierai avec Dominique Veillon, historienne et amie de Denise. Quand nous lui avons apporté le premier exemplaire de ce livre qui lui était dédié, Denise, d'habitude si réservée, s'est exclamée, tout à coup joyeuse : « C'est mon bébé. » Nous avions souri.

Le regard voilé qui surgissait chez l'une ou chez l'autre me bouleversait. Que pouvais-je pour elles ? J'avais le sentiment qu'avec moi, comme avec certaines personnes, historiens, responsables de musée de la Résistance et de la Déportation en qui elles avaient confiance, ceux que Jorge Semprún, ancien déporté à Buchenwald, appelait les « gens du dehors », il devenait possible d'évoquer leur expérience concentrationnaire.

PREMIÈRE PARTIE

Le temps du bonheur

Les Jacob forment une famille nombreuse. Quatre enfants rapprochés, quinze mois d'écart entre Madeleine (1923), dite Milou, et Denise, nées à Paris, suivies des deux derniers, Jean (1925) et Simone (1927), nés à Nice, où leurs parents se sont installés juste avant leur naissance. Pourquoi la baie des Anges ? André, architecte, second prix de Rome, est convaincu que, sur la Côte d'Azur, l'immobilier est en plein boom et devrait assurer à son agence un carnet de commandes bien rempli.

Au troisième étage d'un immeuble cossu situé au 52, avenue Georges-Clemenceau, à la lisière du quartier des Musiciens, les Jacob, avant la naissance de Jean et de Simone, s'installent dans le confort, découvrant la Riviera, le soleil, les collines de Cimiez, les plages de galets, les avenues silencieuses avec leurs immeubles Belle Époque, les balcons fleuris. L'été, les bains de mer à La Ciotat. Les enfants Jacob adorent la maison aux volets verts que leur père y a construite. Leurs amis s'étonnent, la belle façade ne donne pas sur la rue ! Le nouveau propriétaire a choisi de l'ouvrir sur un jardin magnifiquement dessiné.

L'hiver, vice-président du club de ski des Alpes-Maritimes, André entraîne femme et enfants skier à La Foux d'Allos dans les Alpes, à trois heures de voiture de Nice, où ils dorment dans une bergerie aménagée. Ils y retrouvent leurs amis, les Lippmann.

Les enfants Jacob ont trois vies, la maison, le lycée et les scouts. Leur père avait mis Jean, l'unique garçon de la famille, aux Éclaireurs pour le sortir de l'ambiance de gynécée qui régnait dans l'appartement. Denise et Simone l'avaient suivi, la dernière à les rejoindre avait été Milou. Les deux cadettes s'y étaient plu tout de suite. Milou, d'abord réticente, avait été convaincue. Aucun des quatre ne va chez les scouts juifs, les Éclaireurs israélites. André s'y était refusé et avait inscrit ses enfants aux Éclaireurs, dans la section dite « des neutres », c'est-à-dire laïque. Ils aiment les sorties, les jeux, les chants, et portent fièrement leurs uniformes. Tous posent sur les photos qui trônent dans le salon.

Décoré de la Croix de guerre, André Jacob est un patriote, éloigné de la religion juive et désireux d'inculquer à ses enfants les valeurs de la République. Simone se souviendra longtemps de la colère de son père quand il avait appris qu'une de ses cousines l'avait emmenée à la synagogue sans son autorisation.

Aux yeux du monde, André et sa femme, Yvonne, forment un couple uni, ce qu'il est. Yvonne, élégante et distinguée, joue le rôle de l'épouse dévouée d'un homme d'élite, telle que l'époque l'imagine. L'avis est unanime, Yvonne est « divinement belle ». Avec son cou élancé, son nez grec, sa chevelure auburn, et ses grands yeux étirés, elle ressemblait, disait-on, à Greta Garbo. Ses enfants qui forment une joyeuse bande l'adorent. Son regard doux et tendre ne les quitte jamais.

Son éternel regret, avoir obéi à son mari de dix ans son aîné en renonçant à son poste de laborantine à la naissance de Madeleine, sa première fille. Yvonne suppliera ses filles de poursuivre leurs études coûte que coûte.

Si le père donne l'impression d'un homme sévère, à la morale étriquée, encombrée de nombreux principes, il est aussi plein de tendresse. Derrière ses lunettes de myope, se cache un esthète, amateur d'art et de danse, féru de lecture, qui distribue à ses enfants Kipling, Romains, Gide, Montherlant ou Proust. Sont interdits les romans d'amour, les « bluettes » et la radio : une perte de temps. Il contrôle plus les lectures que les résultats scolaires ou les horaires. Ses enfants sont des bons élèves, rien à dire de ce côté-là. Ce qui l'irrite, c'est le temps que passe son épouse à discuter avec eux, alors qu'il l'attend pour aller au théâtre ou jouer au bridge. Elle les gâte trop, surtout Simone, la petite dernière, qu'il trouve capricieuse. Ce n'est pas par hasard que son totem chez les Éclaireuses a d'abord été Lièvre agité, avant que Milou ne réussisse à le changer en Balkis, reine de Saba. Si Milou, l'aînée, semble la plus réfléchie, Denise est la plus énergique,

Jean, plutôt renfermé, et Simone, la plus têtue. Quand sa mère est absente, Simone cherche les bras de Milou qui lui prodigue des câlins et lui donne des baisers. Denise, qui affiche des airs d'indépendance, est parfois exaspérée par cette petite sœur qui n'obéit pas toujours. Jean, lui, se tient un peu à l'écart de ses trois sœurs, surtout quand elles se chamaillent. Pour Yvonne, l'éducation de quatre enfants rapprochés n'est pas de tout repos. Quatre enfants en cinq ans ! Il y a les tenues scoutes à coudre ou à repriser, cravates vertes et liseré en argent, les courses, les disputes, les devoirs, les départs à la mer ou au ski, les randonnées et les pique-niques à préparer, et le tout sans beaucoup d'argent.

Les enfants forment deux blocs, d'un côté les deux aînées Milou et Denise, et les deux « petits », Jean et Simone. Jean est un garçon réfléchi, Simone, elle, n'en fait qu'à sa tête. « Toute mon enfance, j'étais à la droite de mon père, c'était une souffrance », se souvient Simone. Du coin de l'œil, il surveille ses coudes sur la table et lui rappelle en permanence de répondre poliment « oui, papa » ou « oui, maman ». Mais, quand « papa partait à La Ciotat, c'était entendu, on changeait de place, et je m'asseyais à côté de maman ». La petite fille était alors aux anges.

Sur bien des points, les Jacob ont adopté le style de vie classique de la bourgeoisie cultivée de l'entre-deux-guerres. Les photos conservées de cette période le prouvent, les Jacob forment une famille heureuse. On voit les quatre enfants, souriant à l'objectif, alignés en rang d'oignon, en maillot de bain et sandalettes sur le perron de la maison de La Ciotat, ou à la plage de Nice avec l'hôtel Negresco en arrière-plan. La plus renfrognée, c'est la cadette qui boude parce que son frère est sur les genoux de leur mère, et pas elle. Denise pose la main sur la hanche, genre mannequin. Milou, l'aînée, maigre et longiligne, a l'air raisonnable.

C'est une période qui a le goût du paradis. Malheureusement la crise de 1929, venue d'Amérique, frappe de plein fouet la Côte d'Azur. Après l'agrandissement du palais Lumière à La Ciotat – où avait eu lieu la première projection cinématographique des frères Lumière en 1895 –, André devait réaliser un lotissement de villas de luxe. Mais le projet tombe à l'eau et ruine presque son cabinet d'architecte.

Les Jacob déménagent, le train de vie est réduit. Désormais ils habitent de l'autre côté de la voie de chemin de fer qui traverse la ville, près d'une blanchisserie et d'un horticulteur. Le 1, rue Cluvier est un immeuble en pierre à deux pas de l'église russe, impressionnante avec ses coupoles bleu et vert et son clocher couvert de feuilles d'or. Ce sont les confins de Nice, avec un air de campagne dû aux grands jardins d'un horticulteur qui font face à l'immeuble. Baisse de standing pour les Jacob, le quartier russe est moins chic que le quartier des Musiciens. La voiture a été vendue, le carrelage a remplacé le parquet, des poêles tiennent lieu de chauffage central, il y a moins d'argent pour les distractions, et Yvonne coud les robes de ses filles, souvent le même tissu pour les trois, ce qui a le don de les horripiler.

Somme toute, l'appartement n'est pas désagréable, à proximité du jardin Alsace-Lorraine, où Yvonne interdit de boire à la fontaine Wallace sous prétexte que tout le monde s'en sert. Peu de désagréments au final pour les enfants Jacob, choyés par leurs parents, appréciés au lycée par leurs professeurs, et heureux chez les Éclaireurs.

3 septembre 1939

L'été 39 est beau et sec dans toute la France. Les Jacob au grand complet ont choisi de fuir la chaleur de la Côte d'Azur pour la fraîcheur de la Picardie. Au nord de Paris, à dix-huit kilomètres de Beauvais, Suzanne, la sœur aînée d'Yvonne, ophtalmologiste à Paris, et son mari, Robert Weismann, médecin-chef des hôpitaux, ont acheté une maison spacieuse dans un hameau de l'Oise, La Neuville-d'Aumont, pour y passer leurs week-ends. C'est un coin charmant de la Picardie, avec ses prairies, ses bois et les allées qui bordent la propriété. Là, les Weismann invitent famille et amis proches à venir se reposer et partager leurs repas dans le jardin ou au coin du feu. Promenades à pied ou à bicyclette, le long des ruisseaux à travers champs, valent mieux pour les enfants que les sorties au jardin public.

Les couples sont liés, et les deux enfants Weismann, André, dit Poucet, et Claude, s'entendent comme larrons en foire avec leurs quatre cousins germains Jacob, avec lesquels ils passent presque toutes leurs vacances.

Denise et André s'adorent. Jean les a photographiés assis l'un près de l'autre dans le canapé du salon où ils passent des heures à discuter.

D'habitude, ce sont les Parisiens, les Weismann, qui descendent à La Ciotat. Cette fois-ci, c'est l'inverse. À la fin des classes, les enfants Jacob étaient partis avec les Éclaireurs au mont Aigoual. Mais une épidémie de scarlatine les avait renvoyés chez eux. D'où la décision de partir à La Neuville pour se reposer.

La déclaration de guerre les surprend tous le 3 septembre 1939. À table, les conversations vont bon train. On a beau leur dire qu'une guerre, ça se gagne, les enfants ont peur. Simone surtout. Les Allemands aussi sont sûrs de gagner la guerre ! Et s'ils avaient raison, s'inquiète la plus jeune.

Il n'y a pas de temps à perdre. Retour à Nice. La ville se plie aux consignes de la défense civile, protège ses monuments, distribue des masques à gaz, et mobilise son personnel municipal.

Jusqu'en mai 1940, la vie se déroule à peu près comme avant la déclaration de guerre. Les parents sont tracassés, mais ne laissent rien paraître. On évite de parler du conflit à table. Milou a 17 ans, Denise, 16 ans, Jean, 15 ans, et Simone, 13 ans, et ils mènent leur vie habituelle, le lycée, les baignades, les livres, et les randonnées sur les « collinettes » où les filles cueillent des plantes pour leur herbier.

10 mai 1940. L'armée allemande franchit la frontière des Pays-Bas, de la Belgique et du Luxembourg. Soudain la débâcle. Huit millions d'hommes, de

femmes, d'enfants et de vieillards se précipitent sur les routes de l'exode en direction du sud de la France. André Jacob prend peur. Impensable en cas d'invasion de la France d'imaginer ses enfants forcés de devenir allemands ou italiens.

Simone sait que son père lui cache des choses. Mais quand elle l'accompagne à Cannes pour rendre visite à une vieille tante, elle le voit blêmir à la descente de l'autorail. Le vendeur de journaux annonce le « coup de poignard dans le dos des Italiens ». Le 10 juin 1940, l'Italie entre en guerre. L'heure est grave.

Branle-bas de combat. Ordre est donné aux quatre enfants de mettre leurs uniformes de scouts, de prendre un sac à dos et de monter dans le premier train à destination de Quillan, à cinquante kilomètres de Carcassonne où leur tante Suzanne, avec ses enfants, a réussi à dénicher un petit hôtel où tout le monde s'entasse. Milou surveille Simone, Jean reste tranquille. Seule Denise est furieuse. Laisser les parents seuls à Nice lui semble dangereux. Elle n'a qu'une hâte, repartir.

André leur envoie un télégramme. Ils doivent rentrer. La voie est libre, le danger est passé. Le 24 juin, l'armistice franco-italien a été signé à Rome. Les Weismann, eux, préfèrent se diriger vers Bordeaux avec l'espoir de passer en Espagne.

À leur grand soulagement, les enfants Jacob retrouvent leurs parents sains et saufs. Tout semble rentrer dans l'ordre. Les voilà tous ensemble. C'est rassurant.

À Nice, la débâcle chamboule les esprits. Dès l'été 1940, Jean Médecin, le maire, se rallie au maréchal Pétain. Joseph Darnand prend la tête de la Légion des anciens combattants pour les Alpes-Maritimes, et un nouveau préfet, Marcel Rivière, arrive pour mettre en place l'Ordre nouveau. Plusieurs incidents, bris de vitrines de magasins appartenant à des familles juives et des inscriptions comme « Mort aux Juifs » sur les murs de la ville, sont signalés. Dans l'esprit d'André Jacob, les siens ne devraient pas être inquiétés, ne sont-ils pas avant tout français ?

En principe, chez les Jacob, on ne parle ni argent ni politique devant les enfants. Si Yvonne lit *Marianne*, hebdomadaire qui avait soutenu le Front populaire, André préfère la lecture de *L'Éclaireur de Nice et du Sud-Ouest*, qui penche à droite. André, assez rigide, a toujours refusé d'acheter un poste de TSF. Face à la gravité de la situation, il cède pour ne plus écouter les nouvelles truquées de la propagande allemande et capter la BBC.

La France est attaquée et c'est insupportable pour Denise, la plus sensible au civisme et à l'honneur de la patrie. D'emblée, elle refuse l'occupation de son pays. Cet été 1940, où Pétain obtient les pleins pouvoirs dans une Europe en grande partie asservie, Denise ressent au plus profond d'elle le refus de vivre sous le joug allemand. Elle recopie des tracts, dessine des V sur les murs ou écrit au tableau noir les bonnes nouvelles entendues la veille à la BBC. À une époque où les jeunes filles de son âge et de son milieu ne se révoltent guère, elle réagit et s'oppose. L'armistice lui fait horreur. Elle aime son pays. De tout cœur, elle souhaite la défaite de l'Allemagne nazie.

La plus inquiète, c'est Simone. Le 13 juillet 1940, elle a fêté ses 13 ans. C'est une gamine qui ne devrait penser qu'à jouer. Or, elle, si insouciante d'habitude, semble angoissée. Les nouvelles qu'elle entend ne lui paraissent pas encourageantes. Elle a le pressentiment que des choses horribles les attendent. Mais dans les premiers mois de l'Occupation, l'atmosphère au lycée semble préservée des effets de la guerre. Pour preuve, Simone ne se brouille même pas avec sa camarade, la nièce du nouveau ministre de l'Éducation nationale, Jérôme Carcopino. Des lycéennes arborent des croix de Lorraine, ce qui leur vaut une mise en garde des professeurs les alertant du danger qu'elles courent.

Le souci immédiat, c'est le rationnement. À tour de rôle, Milou, Denise et Jean vont chercher à bicyclette dans l'arrière-pays des fruits et des légumes, mieux encore, des poulets ou des lapins, de plus en plus rares au marché de Nice. Les économies des Jacob, déjà bien maigres, fondent. Et, l'hiver 1940-1941, terriblement froid sur la Côte d'Azur, est très pénible. Faute de charbon vendu à prix d'or au marché noir, il faut parcourir des kilomètres pour trouver de quoi chauffer l'appartement mal protégé des courants d'air froid.

Rue Cluvier, rien ne change en apparence. André Jacob ne s'inquiète ni pour lui ni pour sa famille au moment de la promulgation du statut des Juifs. Un Juif français ancien combattant n'a rien à craindre du maréchal Pétain, pense-t-il.

Chez les Jacob, on se préoccupe surtout de la santé d'Yvonne qui a dû subir une opération de la vésicule biliaire, et dont la convalescence est longue. Photographiée sur son lit d'hôpital, elle est amaigrie et lasse, les yeux abattus, le regard dans le vague. À peine rétablie, elle donne des cours dans une école privée, ce qui rapporte un peu d'argent, bienvenu dans ces temps qui s'annoncent difficiles. Denise aussi donne des leçons de calcul qui lui rapportent un peu d'argent de poche.

Première étape du bon citoyen respectueux des lois, André Jacob choisit en juillet 1941 de se rendre au commissariat de son quartier pour le recensement imposé à tous les Juifs, français et étrangers. Il remplit sa fiche, avec nom et adresse, celle de son épouse et de ses quatre enfants. André Jacob n'a pas vu comment s'y dérober. Il se sent soulagé de se sentir en règle.

Étape suivante, Vichy fixe un *numerus clausus* dans la fonction publique et les professions libérales. Cette fois-ci, il est visé. Il lui est désormais interdit d'exercer son métier. Comment subvenir aux besoins de sa famille ?

Les questions s'accumulent. Faut-il se plier aux instructions ? Ou au contraire désobéir ? Fuir, s'il est encore temps et si on a les moyens de quitter son travail, son domicile, du jour au lendemain, seuls les plus nantis peuvent l'envisager, les Jacob non. Encore faut-il ressentir l'urgence de se mettre à l'abri, ce qui n'est pas le cas d'André Jacob. Tout contribue à piéger les Juifs français comme les Jacob, installés de longue date et qui mettent un point d'honneur à ne pas se renier quand bien même ils ne sont pas religieux. Et maintenant ? Maintenant rien. Rien, pour l'instant.

L'atmosphère se durcit. Jeudi 9 octobre 1941, la ville est pavoisée en l'honneur de la venue de l'amiral Darlan, vice-président du Conseil. La matinée est fériée, la place Masséna est noire de monde, remplie par les élèves des écoles, les groupements de jeunesse, la Légion française des combattants, et toutes les autorités de la ville.

La ville est submergée par le flot des réfugiés. On compte avant guerre environ seize mille Juifs. Presque vingt-deux mille, voire vingt-cinq mille après mai 1940. Les hôtels et les pensions sont pris d'assaut, les appartements se louent à prix d'or.

Impressionnée par la détresse de ces familles juives la plupart étrangères et souvent démunies, qui ne savent pas où aller, Denise offre ses services au siège du Comité d'aide aux réfugiés, installé à côté de la synagogue, boulevard Dubouchage. Après la rafle, les 26 et 27 août 1942, Denise convoie des enfants, dont les parents ont été déportés, dans les villages alentour pour les mettre à l'abri. Le scoutisme, l'aide, le secours aux plus démunis sont les valeurs qui la guident. Son engagement est total.

Milou se résout à interrompre ses études en maths sup et cherche du travail. Jean va la suivre quelques mois plus tard. La situation pécuniaire des Jacob devient critique.

L'appartement de la rue Cluvier ne désemplit pas. Arrivent des réfugiés qu'il faut nourrir alors que le rationnement empire de jour en jour et que les rentrées d'argent baissent dangereusement. Simone apprend le mot « kasher » avec l'arrivée des Juifs allemands, autrichiens, polonais ou hollandais. Rien de plus extravagant à ses yeux que de découvrir que les plus religieux paient quelqu'un pour allumer à leur place la lumière pendant le shabbat. Aux Éclaireuses, elle se lie avec Eva Freud, la petite-fille de Sigmund Freud, qui lui raconte les persécutions dont les Juifs sont victimes à Vienne. De quoi l'effrayer.

Parmi les nouveaux venus : le frère cadet d'André, Pierre Jacob, son épouse Suzanne, et leurs trois enfants, Francine, Micheline et François, qui ont traversé clandestinement la ligne de démarcation. Pierre Jacob, ingénieur, avait été arrêté le 12 décembre 1941 à son domicile dans le XIe arrondissement, lors de la rafle des notables juifs, avocats, médecins, ingénieurs, écrivains, professeurs. Sept cent quarante-trois ont été conduits au camp d'internement de Royallieu à Compiègne, d'où Pierre avait été libéré pour des raisons médicales. Parvenus à Nice, ils trouvent un meublé près de la rue Cluvier où ils prennent leurs repas. Désormais, on parle étoile jaune, arrestation, internement, transport à l'est. Les Jacob se croient pourtant à l'abri.

11 novembre 1942, la zone dite libre est envahie à son tour. C'est la stupeur. À Nice, les Italiens font leur entrée. C'est moins grave que l'occupation allemande, se disent les Jacob, car si Mussolini est allié avec Hitler, il ne partage pas sa haine des Juifs. Déam-

bulent dans les rues les carabiniers, deux par deux, avec leur curieux bicorne, l'air bon enfant, souriant aux jeunes filles sur l'esplanade du Paillon, la place Masséna, ou sur la promenade des Anglais. Seules les restrictions et la présence de quelques soldats flânant dans les rues de la ville rappellent l'Occupation.

Le port de l'étoile jaune n'est pas imposé, ce qui a le don d'irriter Vichy, qui entend expulser des départements côtiers les Juifs étrangers et apatrides afin de les assigner à résidence à Saint-Martin-Vésubie à la frontière italienne. Autre sujet de discorde, la loi du 11 décembre 1942 ordonnant l'apposition de la mention «Juif» en rouge sur la carte d'identité. Les Jacob s'accommodent de cette nouvelle existence pleine de privations, les jeunes parcourent à bicyclette des dizaines de kilomètres dans l'arrière-pays pour améliorer l'ordinaire des repas, font la queue à tour de rôle dans les files d'attente des magasins de plus en plus vides, bien que leur père se refuse lui-même à recourir au marché noir au nom de ses principes de légalité. Pour l'instant, ils sont tous ensemble, dans une ville où ils comptent beaucoup d'amis. Ils sont français, ils se sentent protégés, malgré les mises en garde et les bruits qui courent. Ils veulent rester confiants. Ils vivotent. La rafle du 26 août 1942, où les Juifs ont été arrêtés sur ordre de Vichy, vise les étrangers et les apatrides, et cela ne les concerne toujours pas.

L'occupation allemande

Le 8 septembre 1943, jour de l'armistice entre l'Italie et les pays alliés, tout se précipite. Jusqu'à cette date, les Alpes-Maritimes ont été occupées, mais par les seuls Italiens. Une armée d'opérette. En civil, ils se fondent dans une population dans laquelle ils ont souvent des parents, des homonymes, et où on parle leur langue. Dans leur zone d'occupation, les Italiens s'opposent aux arrestations réclamées par les Allemands.

Après la chute de Mussolini, les Italiens signent l'armistice avec les Alliés et quittent Nice. La Gestapo arrive. Nice devient une souricière pour tous les réfugiés juifs. La vraie guerre commence. Il est trop tard pour fuir, les Allemands contrôlent les gares et les routes. Le sinistre Alois Brunner est à pied d'œuvre. Il a déjà sévi à Vienne, à Berlin, à Salonique, à Drancy. Il s'est chargé d'envoyer tous les Juifs arrêtés à Treblinka, Sobibor et Auschwitz.

En quelques heures, les Allemands réquisitionnent les hôtels de la ville, la Kommandantur s'installe place Masséna, et Alois Brunner met la main sur l'hôtel

Excelsior pour y établir son centre de regroupement des Juifs. Vingt-cinq SS autrichiens l'accompagnent. Ce sont des « physionomistes » qui exercent à grande échelle la chasse au faciès. Leur mission ? Reconnaître les Juifs dans la rue. Ils sont payés entre cent, mille, voire cinq mille francs par tête. En cas de doute, les hommes doivent baisser leur pantalon jusqu'aux chevilles. La circoncision est la bonne preuve, mieux encore que le tampon juif sur la carte d'identité. Mille huit cent vingt-cinq Juifs sont déportés entre le 18 septembre et le 15 décembre 1943. Une des meilleures amies du lycée de Simone, Éclaireuse comme elle, Colette Ewselmann, 17 ans, qui habite 12, avenue du Maréchal-Foch, est arrêtée avec ses parents, un couple de pharmaciens, amis des Jacob. C'est le premier signal d'alarme.

Partout des contrôles. De toutes parts, la menace. On arrête dans les hôtels, les magasins, les églises, sur les trottoirs, les chaussées, dans les chambres. Seul le hasard peut les protéger, mais les Jacob joueront de malchance.

D'abord aveuglé par son patriotisme et convaincu que Pétain ne toucherait pas aux Juifs français, André finit par prendre conscience du péril. D'après Simone, son humeur change : « Tout ce à quoi il croyait s'était écroulé : la France, la morale, la culture et ceux qu'il aimait étaient en danger. » Denise le revoit, les épaules voûtées, l'air découragé, enlevant son monocle, se plaignant d'avoir les yeux fatigués. De son côté Yvonne essaie de ne pas montrer son découragement.

Elle donne l'exemple. Aucun laisser-aller. Grâce à plusieurs de ses amies, elle réussit des prodiges pour nourrir les siens. Elle raccommode les vêtements usés jusqu'à la corde et encourage ses enfants à supporter cette période qu'elle veut croire passagère.

Au moment de l'entrée des Allemands dans Nice, les enfants Jacob campent dans l'arrière-pays. Il faut se disperser, pense André. Puisque Denise a déjà montré son engagement auprès des réfugiés et fait preuve d'audace, André l'encourage à ne pas revenir à Nice. Elle semble capable de voler de ses propres ailes. Il lui écrit dans le camp de cheftaines où elle se trouve, à Saint-Dalmas, dans le Mercantour, assez loin de Nice : « On commence à arrêter ici, tu risques de l'être si tu reviens ici. Essaie de te trouver un endroit où te cacher, de trouver du travail. »

Dès lors, elle plonge dans la clandestinité. Une décision qui montre sa force de caractère : « Une évidence pour moi… J'avais simplement peur qu'on me dise que je faisais de la Résistance et que je voulais me sauver… J'étais scoute, et l'honneur, la patrie, la fidélité représentaient quelque chose », m'avait-elle raconté des années plus tard. Son désir, à l'époque, c'est de « faire quelque chose » pour chasser les nazis. Accepter, c'est se soumettre. Refuser, c'est résister. Elle sait que des jeunes distribuent des tracts ou collent des affiches. Comment les rejoindre ?

Méfiance et cloisonnement rendent les contacts difficiles. Un jour, elle croit avoir enfin trouvé « quelqu'un » qui fait partie de la Résistance. Mais on lui propose une place de surveillante pour des enfants juifs dans un pensionnat tenu par les sœurs de Notre-Dame de Sion, près de Grenoble. Elle refuse, ce que Denise veut, c'est de l'action.

Une de ses cheftaines l'invite chez ses parents à Méziers, près de Limoges, où ils ont trouvé refuge et auraient un « emploi pour elle ». Nouvel espoir, nouvel échec.

Rien ne se précise jusqu'au moment où une autre cheftaine, Kikie Mathieu, institutrice à Saint-Marcellin (Isère), lui présente son fiancé. La conversation s'engage, Denise lui fait bonne impression. Elle déborde d'énergie, elle est pleine d'allant, vigoureuse. Il la recrute. Membre du mouvement de résistance Franc-Tireur, ce jeune homme lui donne rendez-vous à Lyon, place des Jacobins. Là-bas, elle retrouve un certain Doudou, qui, à son tour, la met en contact avec Annette. Oh surprise ! Elle reconnaît Nicole Clarence, la cheftaine de son frère Jean à Nice ! Après guerre, Nicole lui avouera qu'elle ne savait pas laquelle des trois sœurs Jacob était en face d'elle !

La voilà donc promue « agent de liaison ». Les dés sont jetés. Il lui faut un nom de code. Quand elle était cheftaine adjointe de la section Nice IV, son totem était Miarka. Elle l'avait choisi par référence au roman de Jean Richepin, dont Miarka, l'héroïne, est une bohémienne aux pieds nus tenant un ours en laisse. Puisqu'elle était entrée dans la Résistance par les Éclaireuses, c'était à ses yeux un choix naturel. Une nouvelle existence commence pour Miarka, exaltante et périlleuse.

Miarka

Tout est nouveau pour elle. Jamais elle n'avait quitté le nid familial ni mis les pieds à Lyon. Miarka se jette avec entrain dans le travail clandestin qui l'attend. « Il faut d'abord très bien apprendre le plan de Lyon. Vous allez avoir des rendez-vous ; il faudra vous y présenter à l'heure exacte. Avant l'heure, ce n'est pas l'heure, après l'heure, ce n'est plus l'heure. »

« Il ne faut pas attendre au coin des rues, parce qu'on se fait remarquer. Il faut arriver pile à l'heure, se rencontrer, se croiser éventuellement, et rester le moins possible ensemble. Et puis, il faut apprendre à monter et descendre des trams en marche », lui explique le fameux Doudou.

Qui se méfierait d'une jolie jeune fille à l'allure si sportive ? En 1943, elle a 19 ans. C'est une jolie blonde aux yeux clairs et aux cheveux attachés en queue de cheval ou en tresses autour de la tête, le mollet ferme. On la prend pour une Allemande ! Un comble ! Chaque jour, qu'il pleuve ou qu'il vente, elle transporte à travers Lyon sur son porte-bagage des paquets de tracts, de journaux clandestins, des faux papiers : cartes d'identité, tickets d'alimentation ou de textile, cartes d'autobus. Elle parcourt des dizaines de kilomètres. Être scoute l'avait endurcie. La fois où, avec un camarade, elle se rend dans un hangar pour charger dans une charrette des paquets de journaux, elle l'entend dire : « C'est toi qui tires la charrette ! »

Revers de la médaille. Les besognes sont monotones, guère exaltantes, et la peur ne la lâche pas. La clandestinité vous isole. À Lyon, ni amis ni connaissances, ou si peu. Elle ne parle quasiment à personne, ou brièvement pour apprendre une adresse à laquelle elle doit se rendre ou au contraire éviter, parce que le lieu est « grillé » après une dénonciation ou un contrôle. Capitale de la Résistance, Lyon est aussi capitale de la répression avec ces milliers de miliciens qui sont à l'affût des conversations dans les cafés et les restaurants. En permanence sur le qui-vive, elle souffre de rentrer seule le soir dans sa chambre froide et sans confort. Afin de disposer d'une bonne raison de séjourner à Lyon et de circuler, elle possède une carte d'étudiante en lettres. Simple couverture, elle ne suit aucun cours. Comment en aurait-elle le temps avec tous ces trajets ?

Le froid, les privations, les levers à l'aurore, la toilette à l'eau froide, le petit bout de pain à grignoter en guise de petit déjeuner, le cœur qui saute quand une voiture s'arrête à sa hauteur, les faux papiers à montrer à des policiers, l'hiver 1943-1944 est épouvantable. La tendresse avec laquelle sa mère lui écrit, poste restante, son désarroi de ne plus être près d'elle la bouleversent.

Elle passe un horrible réveillon, seule comme tous les autres soirs, puisqu'on lui a interdit de donner son adresse à quiconque et qu'elle ignore celle de ses camarades de résistance. Seule joie, une amie de classe de Nice, réfugiée à Lyon, rencontrée par hasard dans une rue, l'invite à déjeuner ; ce repas de fête avait rompu son isolement ce jour-là.

De semaine en semaine, elle dort où elle peut. Un soir elle tombe dans un gourbi, un autre se couche dans un lit confortable, les propriétaires ne posent pas trop de questions, c'est le principal. La journée, elle se réfugie dans les cafés les moins chers et évite les endroits trop fréquentés. Pas de cinéma, trop dangereux, on ne peut pas s'enfuir rapidement en cas de contrôle.

Voilà cinq mois qu'elle hante les rues de Lyon avec son froid humide et ses brouillards épais, ses fameuses traboules, et ses maisons à double entrée, courant d'un point de la ville à l'autre pour livrer des journaux ou transmettre un message. Sur son passage, il n'est pas rare qu'elle croise des fourgons d'où s'échappent un ou deux couplets de *La Marseillaise.*

Les seules nouvelles que Denise reçoit de Nice se veulent rassurantes. Le ravitaillement est suffisant. Leurs amis les invitent à dîner pour les distraire, les Jacob continuent à aller un peu à la campagne, cueillir les premières fleurs sur les collines de Cimiez, mais ils s'inquiètent pour elle. Milou lui raconte les révisions de Simone, ses sorties avec leurs connaissances communes, ce qu'elle lit ou relit, et l'interroge à son tour. Que devient Denise, loin, seule à Lyon ? Est-elle bien logée ? Nourrie à sa faim ? Qui voit-elle ? Sort-elle le soir avant le couvre-feu ? Son travail n'est-il pas trop dur ?

Les réponses de Denise sont laconiques et vagues. Il lui faut respecter à la lettre les consignes de sécurité. Pour éviter d'être repérée dans les rues de Lyon, elle brouille les pistes, en modifiant sa coiffure, en échangeant avec une camarade une veste ou une écharpe, sauf que Lyon regorge de policiers, de gestapistes et de miliciens. Face aux alertes qui se multiplient, son chef l'encourage à disparaître pendant une huitaine de jours. Cela tombe bien. Elle ira à Nice. Milou fêtera ses 21 ans le 18 mars 1944, Denise est joyeuse d'embrasser sa famille et ses amis qui la trouvent cachottière, et l'attendent avec impatience. Ce sera la dernière fois qu'ils seront tous réunis.

Hôtel Excelsior

À Nice, les arbres sont déjà en fleurs, ce printemps 1944. La guerre n'en finit pas. Dernière ligne droite pour Simone qui révise le baccalauréat en « candidat libre » chez Mireille Villeroy, le professeur de lettres de Milou qui l'héberge dans le quartier de Cimiez. Cette femme charmante est mariée à un héritier, privé de ses revenus, de la famille Villeroy, du groupe Villeroy & Boch. Passionné d'astronomie, il reste chez lui à observer les étoiles. Ils ont trois jeunes enfants. Simone, qui fait office de « jeune fille au pair », partage la chambre de l'aînée qui a 4 ans. Chez ce couple chaleureux et bohème, Simone, qui souffre de la séparation d'avec les siens, tient bon. Dans le salon, les Villeroy ont accroché au mur un planisphère pour suivre les combats, en plantant des épingles ou des petits drapeaux en papier coloriés en rouge pour les Russes et rayés pour les Américains, reliés entre eux par du fil à repriser pour marquer l'avancée des troupes alliées annoncées par la BBC. Rivé à son poste de TSF, M. Villeroy se tient informé des soubresauts de la guerre.

Simone se cache chez eux depuis quatre mois. Le 12 novembre 1943, la directrice du lycée l'avait convoquée. Elle se voyait obligée de la renvoyer chez elle après l'arrestation de plusieurs lycéennes juives de son établissement. Est-ce en signe d'approbation des lois d'exclusion qu'elle ordonne son renvoi ? Ou bien pense-t-elle la mettre à l'abri d'une descente de la Gestapo ? Sur le moment, la gamine se sent rejetée. Comme ses sœurs, elle est entrée dès le jardin d'enfants au lycée Albert-Calmette. Une deuxième famille. En dehors du souvenir d'une petite fille qui l'avait fait pleurer, « Ta mère mourra en enfer parce qu'elle est juive », lui avait-elle dit, elle n'y avait gardé que de bons souvenirs.

Quand Simone est exclue, une chaîne de solidarité se crée. Ses amies se relaient pour lui apporter les devoirs à faire et lui donner les corrigés. Elle ne sort plus en ville. Le boulevard Carabacel où habitent les Villeroy est un quartier paisible, aux rues bordées de rosiers et de lilas, de somptueuses propriétés construites par des aristocrates britanniques ou de l'Europe du Nord, riches, oisifs et élégants, qui y résident deux ou trois mois en hiver avec domestiques et chauffeurs. Par précaution, la lycéenne ne s'éloigne pas du domicile de Mme Villeroy, sauf pour aller travailler à la bibliothèque municipale ou pour emmener les enfants jouer dans le jardin en bas de l'immeuble.

1944 est une année troublée. Par crainte du débarquement américain qu'on pense imminent en Provence, le ministère de l'Éducation nationale a avancé les épreuves du baccalauréat et les a simplifiées. Pas d'oraux, quatre matières seulement. Le 28 mars, Simone passe les épreuves sous sa véritable identité, alors qu'elle circule avec de faux papiers au nom de Simone Jacquier. Les Jacob sont devenus les Jacquier. Les voilà protégés, croient-ils.

Le 30 mars, Simone, libre comme l'air, a prévu une sortie avec ses camarades pour fêter la fin des épreuves. Elle a en tête les consignes de ses parents. Pas question de s'aventurer sur la promenade des Anglais ni dans les magasins de la place Masséna, ou sur l'esplanade du Paillon, les terrasses de café sont fréquentées par les Allemands et leurs auxiliaires. Le quadrillage de la ville est total. Les artères de la ville sont entravées de chicane, de piquets, de sentinelles. La baignade, le tennis, la promenade le long de la mer, c'est interdit. Les rues qui conduisent à la mer ont été murées par les Allemands, une sorte de Mur de l'Atlantique pour protéger les côtes méditerranéennes. Les immeubles des Ponchettes face à la mer sont camouflés, le casino de la Jetée, symbole de l'âge d'or de Nice, a été détruit par les Allemands pour récupérer ses mille tonnes de cuivre et ses quatre mille tonnes de fer.

À 16 ans et demi, Simone est à la fois une gamine coquette, la plus effrontée des quatre enfants Jacob, et peut-être la plus angoissée par la guerre. Mais l'envie d'en profiter est plus forte que tout. Plus de révisions, pas de sortie avec les Éclaireuses, aucune obligation. Elle se sent protégée par ses faux papiers. Chez les Villeroy, elle savoure le plaisir d'être hors de la surveillance de ses parents et de ses aînés. Milou, sa grande sœur, travaille toute la journée. Des amis de leurs parents l'ont engagée comme secrétaire dans leur société de ventes de vin et d'alcool sur le point de lancer, dans cette période de pénurie, le Mesclun, un apéritif de couleur verte. Son salaire est précieux car l'argent manque. Son père se cache chez son dessinateur, César Boletti, qui travaillait avant guerre pour lui. Sa mère a quitté elle aussi l'appartement de la rue Cluvier et l'a rejoint dans le quartier de Riquier à l'autre extrémité de la ville. Quant à son frère Jean, qui n'a pas trouvé de gîte, il dort à droite ou à gauche. Lui aussi a des horaires de bureau chez le photographe qui l'a engagé.

Comme on dit, Simone n'a pas le « type marqué ». Avec ses prunelles claires, son teint de porcelaine, son nez droit, elle donne le change. Personne, et Simone en est consciente, n'ignore que Nice est dangereux. Le « ramassage des Israélites » est permanent. Des Traction Avant noires sillonnent les rues de la ville. Les passagers, agents en civil de la Gestapo, miliciens et autres nervis aux chapeaux mous, dévisagent les passants, les arrêtent, les invitant à monter ; conduits à la synagogue, les infortunés sont dévêtus et, s'ils sont circoncis, amenés au siège de la Gestapo. Autre méthode, pensions, hôtels, meublés sont fouillés, et tous les noms à consonance juive une fois repérés, des équipes emmènent hommes, femmes, enfants, vieillards, malades, infirmes. De redoutables « physionomistes », la plupart des Russes blancs, sont grassement payés et postés dans les gares. Plus personne n'est en sécurité. Il n'y a pas de mode d'emploi pour les gens traqués. Faut-il rester terré au risque de faire jaser les voisins ? Ou marcher dans les rues et redouter un contrôle ? Accompagnée d'un copain, Simone affiche un air naturel, nez au vent, innocente, vêtue d'une tenue d'été banale, incroyablement belle, avec ses yeux clairs et ses taches de rousseur, ses cheveux bruns ondulés et tressés. Une allure de jeune lycéenne, ce qu'elle est, gourmande de la vie qui a rendez-vous avec des amies pour se promener.

Ce jeudi 30 mars 1944, Simone pense à tout autre chose qu'à la guerre. Au détour d'une rue, près du quartier des Musiciens, en plein milieu de l'après-midi, contrôle d'identité. La vie ne tient qu'à un fil. Hasard d'une rencontre, d'un *Feldgendarm* qui laisse passer, d'un policier qui ferme les yeux, ou au contraire d'un fonctionnaire zélé, d'un milicien qui épluche les faux papiers, la plupart de ceux qui ont échappé à la déportation le disent : « J'ai eu de la chance. »

Pour Simone, c'est l'inverse. Elle joue de malchance. Deux Allemands en civil, venus dans une Citroën noire garée un peu plus loin, l'interpellent.

— Vos papiers ?

Sa carte d'identité au nom de Jacquier ne fait pas illusion :

— Elle est fausse.

— Mais, pas du tout.

— Si, Jacquier, c'est Jacob. Vous allez nous suivre.

On les emmène à l'hôtel Excelsior, 17, boulevard Durante, près de la gare, au centre de rassemblement des Juifs. Deux SS en faction gardent l'entrée de l'hôtel-prison. L'interrogatoire est rapide. On montre à Simone une pile de fausses cartes d'identité avec la même encre verte. Ont-elles été fabriquées par les Allemands pour piéger les Juifs ou les ont-ils saisies lors d'une de leurs descentes dans les appartements où des réseaux d'entraide fabriquaient des faux papiers à tour de bras, souvent avec la complicité de secrétaires de mairie ou d'employés de la préfecture ?

Contrôle de routine donc, le garçon qui accompagne Simone et dont elle ne donnera jamais le nom est relâché. Il n'est pas juif. Libre, il se précipite chez les Villeroy, ce qui est une erreur fatale. La Gestapo le suit. Il veut prévenir Milou qui loge dans le même immeuble que les Villeroy, deux étages plus bas, chez Mme Descombes, son professeur de physique-chimie. Il sonne à la porte, la Gestapo surgit.

— Madame, nous venons d'arrêter votre fille.

— C'est une erreur, mes quatre enfants sont là, répond Mme Descombes.

Les SS n'insistent pas et repartent.

Milou sort alors de la pièce du vide-ordures où elle se cachait. Arrive Yvonne qui vient prendre des nouvelles de sa fille aînée qu'elle sait grippée. Jusque-là, par prudence, elle avait évité de venir voir ses enfants, d'autant qu'elle habitait à l'autre bout de Nice, ce qui rendait leurs rencontres difficiles. On lui apprend l'arrestation de Simone. Elle est effondrée. Technique habituelle des SS, la souricière. Ils reviennent pour vérifications et tombent sur Milou, sortie de son réduit. Quand ils l'attrapent sur le palier, Yvonne se précipite en s'écriant : « C'est ma fille. » Elles sont toutes les deux arrêtées. L'engrenage est enclenché. Jean, à la sortie de son travail, attend ses sœurs sur le boulevard en bas de l'immeuble. Il a eu envie d'aller les voir après avoir raté le rendez-vous avec sa mère. Il est repéré. Yvonne, Milou et Jean sont emmenés à l'hôtel Excelsior.

Pendant qu'Yvonne se rassure, en se disant qu'au moins elle est avec ses enfants, André est prévenu par des connaissances. Il y a un monde fou dans le hall et dans les deux grands salons, des gens partout, des SS avec des listes à la main, du bruit. Les couloirs, les paliers, les antichambres, les soupentes qui servaient au personnel, les chambres, les salons de l'hôtel sont bondés. Bureau de vérification, de contrôle, de délivrance d'*Ausweis*. Il y a des interprètes recrutés à Nice, des secrétaires, des *Fräulein*. Même les escaliers sont occupés. Femmes, enfants, vieillards, malades, infirmes s'entassent dans une promiscuité incroyable. Peu de gens dorment. Conciliabules, éclats de voix, attaques de panique ; le brouhaha est permanent. Les Jacob se taisent et attendent. Au moins, sont-ils nourris. Et pour l'instant, pas maltraités. En eux l'espoir que leur mari et père échappe aux Allemands, plus le réconfort de savoir que Denise est repartie à Lyon juste après l'anniversaire de Milou.

Parmi les « arrêtés », certains, cueillis dans leurs lits et amenés en vêtements de nuit, grelottent. On ne compte pas les syncopes, les crises d'asthme, les attaques, les fièvres, les crises nerveuses, les tentatives de suicide. Dans un coin, les quatre Jacob, dignes et résignés, se soutiennent et se réconfortent.

Ils apprennent qu'ils vont être transférés à Paris dans quelques jours. Cinq départs au mois de mars, le leur sera le premier du mois d'avril. Comme ils ont été attrapés sans affaires – pas de brosse à dents, pas de linge de rechange, juste ce qu'ils ont sur le dos –, ils s'inquiètent de leur voyage. Yvonne réussit à envoyer une lettre à sa meilleure amie Élena Guiloineau dans laquelle elle lui demande des couvertures et des couvre-pieds, des sacs de couchage, de la poudre de riz, des épingles à cheveux, un réveil, et « beaucoup de papiers pour écrire, de l'encre, des crayons, et de quoi lire en quantité », ajoute-t-elle. Une bible, des classiques, les *Fables* de La Fontaine, des tomes de Molière, du Racine, et deux « jeux de cartes propres ».

D'après les maigres renseignements qui filtrent, leur départ est prévu pour le 7 avril au matin.

L'heure a sonné pour les quatre Jacob. Dans le hall de l'hôtel, en haut d'un escalier, un soldat appelle un à un les noms de ceux qui partent. Au fur et à mesure, il coche avec son stylo un nom sur la feuille qu'il a posée sur un carton. Se rassemblent dans le hall ceux dont le nom a été cité : Juifs polonais, autrichiens, russes ou roumains, pris dans les hôtels de Nice et de Monte-Carlo, Juifs français niçois comme les Jacob, ou parisiens réfugiés, ils sont soixante-huit à partir, en majorité des adultes. Le hall se vide. À dix minutes à pied de la gare, munis de leur valise, ils suivent la file des « pensionnaires » de l'hôtel sous le regard apitoyé des rares passants tenus à distance. Les SS qui les encadrent empêchent tout contact. Les Niçois évitent de passer par là. Le spectacle de ces Juifs, des vieillards chancelants, des femmes qui portent leurs bébés dans les bras, des enfants en bas âge, conduits à la gare, se répète à intervalles réguliers et choque les habitants. Tout le monde sait que, si on se poste avenue Thiers, sur le chemin qui mène les « raflés » de l'hôtel à la gare des voyageurs, joli bâtiment Belle Époque, on a des chances de les apercevoir malgré les barrières qui empêchent de s'approcher.

Et, contrairement à la plus élémentaire des prudences, André ne résiste pas à leur faire un signe de la main pour les réconforter. Antoinette, la sœur de César Boletti, l'accompagne. Hélas, c'est sans compter les mouchards qui scrutent les passants massés sur le chemin de la gare. Il a sans doute été repéré et suivi. Le 11 avril, ce sera le tour d'André qui est arrêté avec sa fausse carte d'identité. Il est conduit à l'hôtel Excelsior et sera transféré à Drancy où il rejoindra Jean, son fils, le 21 avril, alors que sa femme et ses filles sont déjà parties.

Yvonne et ses trois enfants sont donc alignés sur le quai de la gare, ce 7 avril 1944, loin du regard des autres voyageurs. Ils montent dans un des wagons de troisième classe en queue de train sous la surveillance constante de deux soldats allemands armés. Douze heures durant, assis sur de dures banquettes en bois, avec peu d'eau et de nourriture, ils roulent vers Paris. Derrière les vitres, se succèdent des paysages riants, forêts, jardins, champs. Ont-ils envie de regarder ?

S'évader ? Jean y pense. Mais il est trop dangereux de sauter du train en rase campagne. Pour aller où ? Il se tient tranquille.

Débarqués gare de Lyon, un peu hagards, ils montent dans des bus d'où ils regardent défiler les rues de Paris qu'ils n'ont pas revues depuis leurs dernières vacances de l'été 1939.

Ils traversent la banlieue, qu'ils ne connaissent pas, et arrivent au bout de trois quarts d'heure devant des bâtiments disposés en U, dont l'entrée est clôturée de barbelés. Encadrés par des gendarmes, ils sont conduits vers une longue baraque à l'extrémité de la cour. Derrière de grandes tables, des civils leur demandent d'ouvrir leurs valises et leurs paquets pour en contrôler le contenu. Le carnet à souche de l'administration du camp précise qu'Yvonne a sept cents francs sur elle qui lui sont confisqués contre un reçu. On leur laisse les vêtements et autres objets sans valeur. Les quatre Jacob figurent désormais dans le fichier des entrées du camp sous les mentions « Yvonne sans profession », « Madeleine comptable », Jean et Simone sont considérés comme « écoliers ».

Avec les femmes et les enfants arrivés en même temps qu'eux, ils sont dirigés vers un bâtiment et assignés à un numéro d'escalier, le 18, au deuxième étage. Jean, lui, est du côté des hommes où son père le rejoindra le 21 avril avec son frère Pierre, sa belle-sœur Suzanne, et leur petit garçon de 10 ans, François.

Une immense pièce, des lits en bois avec des paillasses superposés, et une grande table au centre. Cinquante femmes et enfants y sont parqués. Sa mère et ses deux sœurs sont désœuvrées, Jean aussi. Les internés ne travaillent pas, à l'exception de ceux affectés aux corvées. Dans leurs dortoirs, quelques connaissances de Nice, comme les Reinach.

Qui sera sur la prochaine liste des départs ? Chacun essaie d'y échapper. D'après un bruit qui court, Jean pourrait aller travailler pour l'organisation Todt menée par les Allemands. On lui fait miroiter du travail en France, sur le Mur de l'Atlantique. C'est mieux que de partir vers une destination inconnue. Sur le conseil de sa mère et de ses sœurs, il se porte volontaire.

À l'aube du 13 avril, les bus de la TCRP (future RATP) arrivent et commencent leur navette entre le camp et la gare de Bobigny. Mille quatre cent quatre-vingts hommes, femmes et enfants montent dans un train sans savoir où les rails les mèneront. Le seul espoir d'Yvonne et de ses deux filles, c'est de rester ensemble. Et elles y parviendront jusqu'au bout, ce qui est exceptionnel.

Fort Montluc

> « La porte s'est refermée lourdement. Je suis seule dans la nuit. »
>
> Geneviève de Gaulle,
> *La Traversée de la nuit.*

Quelques jours après son retour à Lyon après l'anniversaire de Milou, une mauvaise nouvelle attend Denise à la poste restante. Un message bref lui signale l'arrestation des siens. Denise se retrouve dans la plus grande des solitudes. Celle de l'incertitude, de l'absence de ceux qu'elle aime le plus.

Ignorant les circonstances de leur arrestation, elle se fait un sang d'encre. Et si elle avait été suivie jusqu'à Nice ? Plus que jamais, elle veut se battre. Peu importe les risques. Elle n'ignore pas ce qui se passe dans les caves de l'hôtel Terminus ou à l'École de santé militaire, avenue Berthelot, tout comme dans l'immeuble de la place Bellecour, sièges des services de Klaus Barbie.

À ce moment-là, le mouvement Franc-Tireur auquel elle appartenait avait fusionné avec Combat et Libération pour former les Mouvements unis de la Résistance. On manquait de recrues. Ses chefs l'avaient envoyée à Annecy en Haute-Savoie. On lui confiait une mission plus dangereuse. Cela tombait bien : « Les journaux, c'est bien, mais je veux me battre autrement », avait-elle annoncé après l'arrestation de sa famille à Nice. Son but ? Prendre les armes. Elle se sentait prête.

Alors que tombe la nouvelle du Débarquement, elle se porte volontaire pour, depuis Annecy, aller chercher à Brancion, poste de commandement de l'Armée secrète en Saône-et-Loire, un parachutage et le transporter à la consigne de la gare d'Aix-les-Bains. Il s'agit de récupérer deux postes émetteurs, un revolver, huit accumulateurs, de l'argent fabriqué à Londres (quatre cent mille francs), des vêtements d'homme, du cyanure et une paire de lunettes en verre blanc pour modifier son apparence. Ayant rapporté le tout à Lyon, elle remplit deux grosses valises flambant neuves qu'elle achète dans une boutique du centre-ville et qu'elle s'empresse d'abîmer pour leur donner un air usagé. Hébergée par Roseau (Reine Bruppacher), une de ses camarades Éclaireuses, à Caluire dans la banlieue de Lyon, elle se met en chasse d'un taxi en possession d'un laissez-passer pour la Haute-Savoie. Avec des faux papiers au nom de Jacqueline Rosset dans son sac à main, une petite robe de soie légère aux couleurs vives, et le prétexte de rendre visite à une tante malade, la jeune fille passe inaperçue.

Entre Bourgoin et La Tour-du-Pin, sur une route sans taillis ni haies, un barrage de la *Feldgendarmerie* les arrête. Une vingtaine de soldats, armes au poing, plusieurs voitures. Contrôle des papiers, contrôle du véhicule. L'ouverture de ses bagages révèle son contenu. Aucun doute, le matériel est *made in England*, « Terrorist ». Elle a compris, c'est la fin. Dans le camion qui prend la direction de Lyon, Denise enrage, c'est bête d'avoir été arrêtée si près du but. Le convoi fait plusieurs haltes pour contrôler des véhicules, aucune autre arrestation. Est-ce une exécution qui l'attend ? Au moins, se dit-elle, en mangeant les cerises qu'elle avait gardées, je n'ai pas été fusillée sur-le-champ, ce qui est d'habitude le lot de ceux pris avec des armes.

Le malheur, c'est d'avoir entraîné dans l'action son amie Reine et sa mère qui l'ont accueillie chez elles. Après guerre, elle apprendra que les aboiements de leur chien de garde à leur domicile avaient contraint la Gestapo, venue les questionner sur leur visiteuse, à faire demi-tour.

20 juin 1944. Écrouée au fort Montluc, elle se retrouve enfermée dans une cave où pleure une jeune fille, blanche comme neige, qui lui raconte en sanglotant qu'elle est fiancée à un résistant qui a échappé aux Allemands. Elle a été arrêtée, ses parents aussi. Dans le fond de la cellule, un seau hygiénique. Ses pensées s'entrechoquent. Réveil à minuit. Denise est conduite au siège de la police allemande place Bellecour, pour un premier interrogatoire. Au quatrième étage, une vaste pièce d'angle à trois fenêtres. Elle nie tout en bloc. Le lendemain l'attend le supplice de la baignoire. Entre chaque plongée : « Parlez ! Que savez-vous ? »

« Nom de vos complices. » Pendant sept heures, elle endure les sévices. Coups de poing, gifles, pinçons. L'envie de se jeter par la fenêtre ne la quitte pas. Elle donne de faux renseignements, des adresses vagues, ne trahit personne. Ses bourreaux n'ont pas pensé un instant qu'elle était juive, ils n'ont pas pensé à vérifier. Denise sait à quoi elle s'expose si elle avoue. Elle signe le PV. Et feint de pleurer d'avoir trop parlé. De retour à la prison de Montluc, les cheveux mouillés, le corps bleu et écorché, la chair tuméfiée, les poumons gonflés, elle est épuisée. Plusieurs heures passent sans qu'on la ramène place Bellecour. Ses plaies cicatrisent un peu, ses courbatures sont moins douloureuses, elle reprend des forces. Le lendemain, elle va un peu mieux. Son corps oublie. Son esprit non.

Des cris dans le couloir, des bruits de pas et de clefs, claquements de talons, des ordres brefs, un café, vague jus noir dans une gamelle crasseuse, la tinette dans un coin, le balayage sommaire de la cellule, la toilette dans le lavabo, la paillasse pleine de punaises, l'horreur de la prison devient le quotidien de Denise. Dans un coin, la tête entre les mains, elle fait défiler les images d'un passé heureux à Nice avant guerre. Mais un matin, elle entend du bruit inhabituel dans la section des femmes, la *Frauen Sektion*.

« Attention, transport », la nouvelle se propage. Partir, mais où ? Au moins, se dit Denise, je ne serai pas fusillée. La porte de sa cellule s'ouvre, son nom est appelé, suivi d'« Avec bagage dans cinq minutes ». Denise s'exécute, ramasse ses affaires. Dans une des valises qu'elle transportait se trouvait une superbe robe de chambre de lainage verte que les Allemands lui laissent. Ils lui rendent les lunettes aux verres blancs qu'ils croient être les siennes. Sa montre, sa bague et la photo de ses parents confisquée à son arrivée lui sont remises. Les Allemands, qui sont persuadés que c'est elle sur la photo, lui demandent le nom de son amant. Ils ne se rendent pas compte que son père est « démodé », pense-t-elle.

On entend résonner *Le Chant du départ*. Elles sont nombreuses à quitter leurs cellules de Montluc. La rumeur court, on va à Romainville. C'est l'été, et à travers les vitres du train qui les amène à Paris, la campagne écrasée de chaleur semble tranquille, seuls les arrêts dans les gares rappellent la guerre. Certaines essaient de jeter des lettres par la fenêtre, Denise s'abstient.

4 juillet 1944. Romainville, c'est moins horrible que Montluc, dit-on. C'est un fort conçu par Thiers pour défendre Paris, situé à la limite des Lilas, près de Pantin. Il a été réquisitionné par les Allemands dès leur arrivée et placé sous l'autorité de la Wehrmacht et de la SS, et sert de zone de transit pour les femmes arrêtées pour faits de résistance. Dans les chambrées ou pendant la promenade, les internées discutent entre elles, ce sont pour beaucoup des communistes, toutes luttent contre les nazis. Aucun contact avec l'extérieur, mais les soldats qui gardent les prisonnières sont moins rudes.

Dix jours à Montluc, dix jours au fort de Romainville, d'où elle sera envoyée à Ravensbrück. Une vie de prisonnière. Sa première souffrance, au-delà de la porte refermée sur sa liberté, c'est d'être empêchée de combattre et de se retrouver aux mains de ceux qui oppriment son pays.

14 juillet 1944. Aux aurores, c'est un bus de la TCRP qui la conduit avec les autres prisonnières à la gare de l'Est. Paris s'éveille. Des hommes et des femmes se rendent sur leur lieu de travail. La grande cour devant la gare de l'Est est gardée par un cordon de soldats de la Wehrmacht qui tient les curieux à l'écart. Le wagon dans lequel elle monte est rattaché à un train de voyageurs. Sur le quai, un détachement de SS empêche quiconque de s'approcher. Dans un coin, une tinette et un grand seau d'eau. La chaleur est accablante. Le convoi démarre lentement. Destination le camp de Neue-Bremm. Matricule 46889.

Le 26 juillet 1944, quand Denise Jacquier, qui a dissimulé qu'elle est juive, arrive à Ravensbrück, Yvonne, Milou et Simone se trouvent à Birkenau où elles sont parvenues le 15 avril par le convoi 71. Elles ne sauront rien de l'arrestation de Denise jusqu'à leur retour, ni de la déportation de Jean et d'André qu'elles croient en train de renforcer le Mur de l'Atlantique. Au contraire, elles aiment se raccrocher à l'idée qu'à Lyon Denise a échappé à l'arrestation. Au moins un membre de la famille sera là si elles rentrent. D'André et de Jean, aucune nouvelle. Personne ne les a vus à Auschwitz.

Si elle cache sa véritable identité, qui saura ce qu'elle est devenue, se demande Denise, puisqu'elle a été enregistrée sous un faux nom ?

DEUXIÈME PARTIE

Le train du retour

> « Une de mes camarades avait été très émue d'entendre *La Marseillaise*, moi c'était les jets de cerises – qu'il y ait eu des cerises qui aient poussé entre-temps. »
>
> Anne-Lise Stern, *Le Savoir-Déporté.*

Transférée depuis presque six semaines de Ravensbrück à Mauthausen, Denise ne veut pas y croire. La guerre n'est pas finie. Nous sommes le 23 avril 1945. La veille, le commandant du camp avait donné l'ordre aux prisonnières de préparer leurs bagages. À 4 heures du matin, on les fait aligner sur la place d'appel. Tout à coup Denise voit arriver des camions qui roulent vers le camp. Ce ne sont pas des camions allemands. Elle reconnaît les grandes croix rouges sur les côtés. Descendent des soldats qui lancent aux prisonnières : « On vient vous chercher. » Neuf cent soixante femmes belges et françaises survivantes dont Denise trouvent place dans un de ces camions qui roulent vers la Suisse. Incroyable. À bord, brinquebalée, plongée dans une sorte de brouillard, serrée contre ses camarades, elle a du mal à comprendre qu'elle est libre. Être convoyée sans coup de matraque et ordres aboyés, voilà qui paraît étrange. La détente est presque trop brutale. C'est comme le dénouement d'un film, un *happy end.*

Une nuit dans une grange, un brin de toilette pour se débarbouiller, deux jours à travers l'Autriche. À Saint-Gall, à la frontière suisse, les camions sont bloqués, les rescapées seraient contagieuses d'après les douaniers et devraient être placées en quarantaine. Soudain, elles entonnent *La Marseillaise.* Et les barrières se lèvent, le soulagement est complet. C'en est fini du calvaire.

Dès la halte frontière, un régiment attend le convoi pour présenter les honneurs militaires. Des villages alentour, des femmes, des hommes, des enfants arrivent, offrent ce qu'ils ont, qui une fleur, qui un verre de vin blanc, du pain, un fruit… Après de nombreux arrêts, on loge les déportées à Annecy à l'hôtel Beaurivage sur le lac. La ville est couverte d'affiches des candidats pour les premières élections municipales. Bizarre de voir ces femmes aux visages hagards, habillées de loques, elles-mêmes frappées de stupeur de se sentir libres. Par quelle étrange coïncidence, se demande Denise, suis-je ramenée là d'où je suis partie ?

Un bref interrogatoire, une visite médicale sommaire : « état général mauvais, dentition abîmée ». Puis, Denise reçoit son attestation de rapatriée, un maigre pécule et la possibilité d'adresser un télégramme. À qui ? Ses parents ? Inutile. Par chance, lui revient en mémoire l'adresse de sa tante Suzanne

Weismann, 11, rue Jean-Baptiste-Dumas dans le XVIIe arrondissement à Paris. Les Weismann avaient quitté la capitale dès le mois de mai 1940, elle savait qu'ils étaient du côté de Toulouse. Étaient-ils rentrés ? Étaient-ils sains et saufs ?

À Annecy, dans le hall de l'hôtel réquisitionné, Denise se présente au bureau d'accueil des déportés, où on les débarrasse de leurs uniformes rayés. On les chausse, on leur prodigue les premiers soins. Quelle n'est pas sa surprise d'apprendre que son ancien chef dans la Résistance, Jean Massendès, est devenu secrétaire général de la préfecture de la Haute-Savoie où il loge ! Autre nouvelle émouvante, celle de savoir que Georges Guidollet, dit Ostier, est devenu président du Comité départemental de libération. « Annie », leur agent de liaison, est de retour, les prévient-on.

Denise est conduite en voiture à la préfecture. Depuis combien de temps ne s'est-elle pas assise dans une voiture ? L'accueil qu'elle reçoit est « merveilleux ». On la fête, l'installe confortablement, la nourrit, la réconforte. Elle y passe sa première nuit de vraie liberté. Le lendemain, elle retourne voir ses camarades restées à l'hôtel où elles se reposent. Elles la dévisagent. Coiffée, maquillée, bien habillée, « elle est méconnaissable », lui fait-on remarquer avec envie. Denise est glacée. Non, le camp ne l'a pas endurcie. Tout l'atteint plus durement ; que les liens si forts nés dans le camp se délient à la vitesse d'un éclair pour un rouge à lèvres et une robe moins fripée de la Croix-Rouge, cela la foudroie. Denise se sent terriblement seule et lasse à mourir.

Tout est gâché. C'est comme si elle était prise au dépourvu. Là-bas, son seul but était de rentrer. Maintenant tout est embrouillé dans sa tête. Heureuse bien sûr d'être libre, mais ce n'est pas si simple. Pendant deux ans, elle a été Annie pour ses amis de la Résistance, Miarka pour ses amies de Ravensbrück. Comment reprendre son identité d'avant-guerre ?

Sa vie d'avant, ce sont ses parents, ses sœurs et son frère. Denise ne reverra pas les siens, c'est presque une certitude. Elle espérait sans trop y croire qu'ils auraient survécu à leur arrestation. Elle se doutait qu'ils avaient été déportés. Mais peut-elle espérer qu'ils soient rentrés ? C'était fou de le penser. Elle avait croisé une jeune fille de son âge au moment de la libération de Mauthausen. « Elle venait d'Auschwitz. J'osais à peine l'interroger. Je lui ai d'abord demandé si elle avait croisé des gens de Nice. Elle m'a dit oui, et je me suis enfuie. Après une nuit d'hésitation, je suis retournée la voir. Je lui ai demandé si elle connaissait Simone Jacob. Elle les connaissait toutes les trois. »

Assez vite, Denise quitte Annecy et prend le train pour Lyon dans l'espoir de revoir ses camarades de Franc-Tireur. Libérée depuis sept mois, l'atmosphère de la ville a changé du tout au tout, finie la liesse des premiers jours, les rues ont repris leur visage habituel, les traboules ne servent plus aux résistants, beaucoup de collabos ont été exécutés, la guerre s'est éloignée, et les Lyonnais ont faim. L'heure est à la reconstruction, et les rapatriés arrivent bien tard !

Ses amis lui réservent pourtant un accueil chaleureux. La revoir vivante les réjouit. Ils organisent un dîner en son honneur. À table, dans un brouhaha joyeux, ils s'amusent de la voir dévorer des pommes de terre. Puéril, risible ou absurde, elle ne sait pas.

Ce soir-là, comment leur dire qu'elle a envie de leur raconter l'enfer dont elle sort ? Dans un état de tension extrême, elle peine à s'exprimer. Plus tard, se dit-elle. Dans sa tête, c'est décousu. À les entendre bavarder de choses et d'autres, il lui semble que le repas se déroule derrière un épais brouillard. N'ont-ils rien d'autre à lui dire ? Savent-ils qu'elle revient d'un monde dément ? Elle aurait voulu se faire entendre, elle aurait voulu se faire comprendre. Sauf qu'elle ne sait pas comment raconter d'où elle revient. Et le peu qu'elle raconte est trop difficile à croire.

Elle n'est pas seule à ressentir ce décalage. Violette Maurice, qu'elle a connue à Ravensbrück, le consignera dans ses Mémoires. La première image qui lui saute aux yeux quand elle rentre, c'est celle d'un court de tennis où des joueurs s'appliquent avec un grand sérieux à renvoyer des balles : « N'ont-ils rien d'autre de mieux à faire ? » Elle sait que « son indignation n'avait pas de sens », mais sa colère en disait long sur l'état de tension douloureuse dans lequel elle se trouvait. Comme Violette, Denise n'exprime rien de l'étrange impression de voir ses amis reprendre si facilement le cours de leur vie. Sans l'attendre.

Avec qui partager ses souvenirs ? se demande Denise.

Poucet

Le premier membre de sa famille que Denise, à peine rentrée, embrasse, c'est son oncle Maxime Steinmetz à Lyon. Frère aîné de sa mère, même forme du visage, même regard profond, 47 ans, fringant dans son uniforme de capitaine FFI, Maxime Steinmetz, alias Jean-Marie Dionnet, se réjouit de tenir dans ses bras une de ses nièces. Une amie de Suzanne, incarcérée à Montluc en même temps que Denise, puis transférée à Drancy dont elle avait été relâchée, avait prévenu sa famille que Denise n'avait pas été fusillée. Depuis, on était sans nouvelle d'elle.

La dernière fois que Denise avait vu son oncle maternel, c'était par hasard un an auparavant, au printemps 1944, près de la place Bellecour, alors qu'elle circulait à vélo dans les rues de Lyon. Son invitation à dîner à plusieurs reprises et son cadeau à Noël d'un foulard orné d'un gros bouquet de fleurs l'avaient réconfortée et avaient égayé sa vie à Lyon où, coupée des siens, elle broyait du noir. Elle lui avait d'abord raconté qu'elle était étudiante en lettres, et lui s'était inventé un métier. Un jour, alors qu'il lui offrait un bon repas, elle lui avait avoué qu'elle était résistante. Il lui avait révélé qu'il cachait des enfants juifs.

Dès qu'il la voit, Maxime lui annonce qu'il a pour mission de la ramener à Paris chez sa tante Suzanne. Elle l'attend. Grâce à ses relations, Maxime se procure, chose rare, une voiture et de l'essence pour rouler jusqu'à Paris. Pendant le trajet qui lui paraît interminable, Denise apprend la plus cruelle des nouvelles. Son cousin adoré, André, le fils de Suzanne, a été tué le 9 avril 1945 lors des derniers combats de la Libération dans le Wurtemberg. Il avait 20 ans.

Quand, à Ravensbrück, Denise rêvait de son retour, elle s'imaginait dans ses bras. André, surnommé Poucet, était un garçon avec qui elle s'entendait à merveille. Ils étaient faits l'un pour l'autre. Au fond de l'enfer, elle était sûre que, si elle rentrait, il l'écouterait, et que lui seul la comprendrait. Elle pensait à lui et presque aussitôt oubliait ce qu'elle endurait, la pluie glacée, la faim, les coups, les cris des kapos, les ordres beuglés, l'appel sous la neige, les chiens des SS, les chantiers où elle maniait pelle, pioche ou hache douze heures par jour, la mort de ses camarades. Les souvenirs de son enfance baignée de tendresse et de son adolescence insouciante avec Poucet l'aidaient à tenir un jour de plus, une heure de plus. Elle passait en revue les livres qu'il aimait, les poèmes qu'elle lui récitait, les conversations qu'ils avaient, les projets d'avenir auxquels il pensait. C'était un étudiant brillant, il préparait Polytechnique. Elle ignorait qu'il avait été reçu en avril 1945 juste avant de partir se battre. Pourquoi ne l'avait-il pas attendue ?

Le visage agréable d'André, son front haut, ses cheveux frisés, sa gentillesse ne la quittaient pas. Lui revenaient en mémoire les lettres qu'ils s'échangeaient, les moments passés ensemble sur la Côte d'Azur où il était venu passer une partie de l'été. Le dernier souvenir qu'elle avait de lui, c'était leur mésaventure à La Ciotat. Samedi 6 septembre 1941. Il était encore là, ses parents avaient fui Paris et envisageaient de partir en Suisse où ils avaient des cousins. Cet été-là, il fait très chaud. À la villa Notre-Dame-d'Amour, quartier Saint-Jean, on s'amuse. Bains de mer, figues délicieuses, jeux sur la plage pour la bande de jeunes gens, deux filles et deux garçons. Les deux sœurs Jacob, Denise et Simone, leur cousin André et son copain, Gilbert. À la fin de la journée, juste avant le dîner, les quatre discutent sur le balcon, plaisantent, passent en revue toutes les chansons scoutes qu'ils connaissent. À court d'inspiration, ils entonnent *L'Internationale.*

Branle-bas de combat. Le gardien de la maison d'en face menace d'appeler la police. Penauds, ils s'interrompent. La police se déplace le soir même, relève leur identité et les convoque au commissariat pour « atteinte au moral des troupes et des populations ». Ils font l'objet d'un procès-verbal pour chants séditieux. Il leur est reproché d'avoir chanté si fort que tout le quartier a entendu. L'affaire aurait dû en rester là, comme l'imagine Jacques Lippmann, avocat et ami d'André et d'Yvonne qui est consulté. *Que nenni.* Le tribunal correctionnel de Nice ne classe pas le dossier. L'enquête de police se double de la visite d'une assistante sociale qui vient vérifier que ces adolescents ne sont pas livrés à eux-mêmes. Passent en jugement Denise Jacob, 17 ans, André Weismann, 17 ans, Gilbert Lévy, 19 ans. Simone, qui a moins de 15 ans, est condamnée à trois mois avec sursis. Lourde condamnation ! Et six mois de prison avec sursis pour tous les autres.

Avec la mort de Poucet, tout était fini, complètement brisé. Son « expérience » des camps avait fini par lui paraître « enrichissante » quand elle se voyait la lui raconter à son retour. Si Denise a toujours refusé de témoigner en public de l'enfer qu'elle avait vécu, prétextant que sa mémoire était mauvaise, j'ai toujours pensé qu'elle avait gardé ses souvenirs pour André. La mort héroïque de son cousin les avait effacés. Tout ce qui reste d'André, à part quelques photos, c'est sa citation à l'ordre de l'armée. Le 29 août 1945, on lui décerne la croix de guerre avec palme : « Jeune polytechnicien en stage dans un escadron de destroyers. Était animé du plus grand désir de combattre et il fut un très bel exemple de courage. » Il avait dit à Denise qu'il souhaitait s'engager dans la Résistance. Cela ne s'était pas trouvé. Son engagement dans les combats de la Libération prouvait qu'il avait voulu défendre l'honneur de sa patrie. Comme Denise. Il est mort en héros.

Denise a 21 ans le 21 juin 1945, et elle a vu l'horreur. Plus rien n'avait de sens et, de son propre aveu, elle se sentait vide.

L'attente

« Le téléphone sonne : "Allô ?" "Allô ! vous avez des nouvelles ?" Il faut que je me dise que le téléphone sert aussi à ça. Ne pas couper, répondre. Ne pas crier de me laisser tranquille. "Aucune nouvelle. — Rien ? Aucune indication ? — Aucune. [...]" [...] Je repose le téléphone. Je n'ai pas bougé de place. Il ne faut pas trop faire de mouvements, c'est de l'énergie perdue, garder toutes ses forces pour le supplice. »

Marguerite Duras, *La Douleur.*

11, rue Jean-Baptiste-Dumas, chez les Weismann, trois semaines après la mort d'André, les lettres de condoléances dans le courrier apporté par le facteur sont nombreuses. L'arrivée de Denise est la première bonne nouvelle. Se prendre dans les bras réconforte, cela apaise un peu la peine, mais le cœur n'y est pas. Et Yvonne ? Et ses sœurs ? Son père ? Son frère ? Les nouvelles arrivent au compte-gouttes, les indices sont infimes. Pour ne pas affoler les Français dans l'attente du retour de l'un des leurs, Henri Frenay, jeune ministre des Prisonniers, Déportés et Réfugiés, donne pour consigne de bloquer les premières images des camps. Puis il cède. Quand Denise arrive à Paris, les déportés libérés de Buchenwald et de Dachau, revêtus de la « sinistre vareuse rayée », ont défilé en tête du cortège entre Bastille et Nation pour le 1er Mai. Malgré le froid, les nuages et même des flocons de neige, ils ont salué la foule sur leur passage.

Le 4 mai, les images de Bergen-Belsen sont montrées pour la première fois dans les salles de cinéma. On découvre des déportés squelettiques errant au milieu d'un monceau de cadavres. Un immense charnier où des bulldozers enterrent des ossements, des crânes, des corps entiers ou mutilés. On voit des baraques, des miradors, des barbelés, on montre des fours crématoires « où furent brûlés en série des milliers de déportés ». Les journaux publient des photos de déportés en tenue rayée victimes de la faim, de la maladie, de mauvais traitements.

À Paris, des centres d'accueil ont été mis sur pied à la gare d'Orsay, à la caserne de Reuilly, au cinéma Rex, à la piscine Molitor. Cela ne suffit pas face à l'afflux des « revenants ». Le siège de la Croix-Rouge est pris d'assaut, les services du ministère des Prisonniers, Déportés et Réfugiés croulent sous les demandes. C'est la pagaille. Les maigres renseignements que Denise trouve avec sa tante Suzanne laissent penser qu'André et Jean seraient encore dans les pays baltes.

Ni Yvonne ni ses filles ne figurent sur la liste des rapatriées d'Auschwitz où on les a pourtant vues. Boulevard Raspail, à l'hôtel Lutetia, ancien QG du service des renseignements de l'*Abwehr*, transformé en centre d'accueil, Suzanne a laissé un message. Denise sait pertinemment qu'il y a très peu de rescapés, mais elle ne veut pas décourager sa tante. Elle préfère la laisser espérer.

Les formulaires et les fiches individuelles que sa tante avait remplis au siège de la Croix-Rouge et au centre d'accueil, 16, rue d'Artois, devraient être utiles. On préviendra, c'est sûr.

Rue Jean-Baptiste-Dumas, on essaie de se consoler. La maison est silencieuse. C'est un petit hôtel particulier caché derrière une grande porte cochère, au bout d'une allée bordée d'arbustes. Il a été occupé par des Allemands qui l'ont saccagé en partant. Sans raison. Il faudrait entreprendre des travaux pour remettre l'ensemble en état. L'envie n'y est pas. Chacun se réfugie dans son chagrin. Pour Denise, c'est tragique d'être la seule rescapée. Sur les six Jacob, serait-elle la seule survivante ? Peut-elle encore espérer leur retour ? Chaque jour qui passe amenuise la chance de les voir revenir ; les rumeurs les plus folles circulent, certains rescapés amnésiques seraient soignés dans des hôpitaux en Russie, d'autres déambuleraient dans les ruines de l'Allemagne. Ils vont rentrer. Il faut patienter.

Ce qu'elle peut raconter à sa tante, c'est son dernier souvenir en famille, le dîner d'anniversaire de

Milou, pour ses 21 ans, le 18 mars 1944. Personne n'était vraiment gai, chacun dissimulait son angoisse, essayant d'oublier la guerre le temps d'un dîner. Les Jacob, c'est un clan chaleureux et soudé. On a le sens de la famille. Elle se souvient que, dans le salon de leur appartement aux fenêtres bien calfeutrées et à la décoration de bon goût, garni de meubles d'époque, la table de la salle à manger est dressée comme pour les fêtes. La nappe blanche damassée et amidonnée, le service en porcelaine, les verres en cristal et l'argenterie. Comme avant guerre. Les assiettes étaient un peu vides. Les cadeaux modestes par ces temps de pénurie. Qu'importait. Les quatre jours où Denise était restée à Nice avaient filé à toute vitesse. Le 22 mars, sa mère, la gorge nouée par l'angoisse, avait tenu à l'accompagner jusqu'à la gare des voyageurs alors qu'elle grouillait de soldats allemands, de miliciens et autres mouchards. Ce sera la dernière fois que Denise l'aura embrassée.

« Si tu reviens, dis-leur »

« Je me souviens de mes amis
Demandant au seuil de la mort :
Si vous revenez, c'est promis
Parlez de nous, parlez encore. »

Violette Maurice, *Mémoire.*

Le pourcentage des femmes qui rentrent des camps d'extermination est infime, 3,5 %. De Ravensbrück, 40 %. Il y a de quoi se sentir un peu honteuse d'avoir cette chance inexplicable de s'en être sortie.

Denise a fait une promesse à ses camarades mortes à Ravensbrück ou à Mauthausen, elle doit prévenir ceux ou celles qui les attendent. Coûte que coûte, elle entend honorer sa parole.

« Si tu reviens, dis-leur. » Au camp, tout le monde avait peur que l'on ne sache jamais ce qui s'est passé. C'était le cauchemar le plus répandu. Comment annoncer la mort d'une mère, d'une fille, d'une sœur, d'une épouse ou d'une « chère amie » ?

Avant le camp, elles ne se connaissaient pas. Outre

Denise, il y avait Violette, Micheline, Marguerite dite Mag, Marianne dite Mila, Raymonde dite Frédérique, et Hélène. Elles étaient comme des sœurs siamoises, qui se soutenaient les unes les autres et dont l'idée fixe était de tout tenter pour rentrer. Dans le même block à Ravensbrück, toutes les sept redoutaient un ordre des kapos, une affectation à un autre *kommando* de travail, un changement de baraque, qui les auraient éloignées les unes des autres. Elles ont échangé leurs adresses d'avant au cas où. Elles ont même fait des projets d'avenir ensemble.

2 mars 1945. Alors que les Alliés approchent, mille cinq cents femmes, parmi lesquelles Denise et ses six camarades, mêlées à des Belges et des Tsiganes, sont entassées dans des wagons de marchandise par groupes de quatre-vingts. Pourquoi ce transport ? Aucune information ne filtre. Vont-elles être séparées ? Quatre jours dans un wagon fermé, la neige, un morceau de pain noir et un bout de margarine donnés au départ, les coups de schlague et les aboiements des chiens, elles arrivent à la gare de Mauthausen, près de Linz, en Autriche. Elles descendent des wagons avec leurs baluchons, sous les hurlements des SS, titubantes, mais heureuses de respirer un air vif. Elles découvrent une forteresse qui domine la vallée du Danube, un immense camp d'hommes entouré de miradors, un autre lieu d'horreur. Le four crématoire brûle sans discontinuer. Typhus et dysenterie font des ravages. Dans des baraques, elles dorment à même le ciment, tête-bêche les unes contre les autres.

C'est presque le printemps, les premiers rayons de soleil, l'espoir de la débâcle allemande. La peur aussi, avec les nazis tout est possible. Vont-ils les exécuter pour ne rien laisser ni personne derrière eux ?

Le 20 mars exactement, les sept camarades sont toujours ensemble, c'est l'essentiel. Au milieu de la nuit, toutes les prisonnières sont appelées sur l'esplanade, alignées en rang par cinq, et embarquées dans un train sans connaître la destination. On les conduit près d'un nœud ferroviaire. C'est Amstetten. Des wagons renversés, des rails éclatés, des trous béants attendent ces femmes épuisées. Des prisonniers chargés du déblaiement sont déjà sur place. Munies de pelles et de pioches, elles doivent boucher les trous des bombes sur les voies, gardées par des soldats aux abois.

Soudain, le signal d'alerte retentit, tout le monde s'éparpille, Denise et Violette en profitent pour ramasser des fleurs et des pissenlits. Une camarade crie : « C'est au tour des Boches de déguster », racontera Violette allongée derrière un arbre avec Denise. Quelques centaines de mètres à peine les séparent des cinq autres femmes, qu'elles entendent chanter, conduites par Marianne dont la voix si claire porte loin. Les premières bombes tombent, la DCA tonne, cela n'entame pas leur bonne humeur, puisqu'elles annoncent leur libération prochaine. Cinq vagues d'avions passent de plus en plus près d'elles. Le bombardement dure quatre heures. Un officier SS crie « vingt mortes ici ». Un char à bœufs passe avec des corps. Ce sont ceux de Mila, Mag, Frédérique, Micheline et Hélène. Ils sont transportés ensuite dans les grands camions mortuaires jusqu'aux fours crématoires. Denise et Violette se sentent orphelines.

Lourde tâche de rendre visite aux familles des disparues. Le poids des mortes pèse sur les épaules de Denise et la plonge dans une profonde mélancolie. L'annonce la plus éprouvante demeure celle faite à la mère d'Hélène. Son esprit et son visage d'enfant habitent encore Denise quand elle sonne à la porte de la maison de la famille d'Hélène à Lyon, en ces derniers jours d'avril. Ce qu'elle remarque d'abord, c'est la vue sur les murs de la prison de Montluc depuis le perron. Personne ne répond. Elle s'assied dans l'escalier. Une vieille dame monte les marches, la fait entrer. «Votre fille Hélène est morte», dit simplement Denise. Sous le choc, la mère d'Hélène ouvre la fenêtre pour se jeter dans le vide. Denise réussit à l'en empêcher. Plus tard, Denise écrira à la sœur de son amie: «Je ne peux pas vous écrire et vous dire à quel point je regrette la brutalité qui fut la mienne en cette journée de fin avril. Je me souviens, à ma honte personnelle, que je pensais alors que connaître les circonstances des derniers moments de l'un des siens était "un privilège".»

Délivrer des horreurs à des «parents non prévenus» était prématuré. «Nous savions que c'était revenir vivantes qui était exceptionnel et ceux qui nous accueillaient ne le savaient pas encore. Madame votre mère fut la première personne auprès de qui j'allais annoncer la fin de ses espoirs… et vous savez la suite. » Un peu plus loin, elle avoue : « Je crois que j'ai dû fuir, ne pouvant rien pour elle, et ne pouvant plus rien rattraper, ne pouvant rien adoucir. »

Elle prend conscience trop tard que sa propre présence est un outrage. Donner aux parents les pauvres objets que les déportées possédaient, une timbale, une cuillère, un petit carnet, un fichu, lui semble dérisoire. Autant de trésors qui semblent sans intérêt aux yeux des familles. Pourtant ils sont lourds de symbole. Posséder par exemple une timbale, c'est pouvoir manger de la soupe. Toutes n'en avaient pas. Ces visites sont bouleversantes pour Denise. Au camp, toutes évitaient de parler des êtres qui leur étaient chers pour ne pas avoir plus de peine. Que leur dire ? Comment leur expliquer qu'elle est revenue ? Elle s'en excuse : « Il a fallu vivre. Pardonnez-nous », écrit-elle à la famille d'Hélène.

Ni les embrassades ni les paroles apaisantes qu'elle entend aux premières heures de son retour en France n'effacent le souvenir hallucinant de ses amies mortes d'épuisement dans des baraques lépreuses, suintant la misère et le désespoir. L'amitié au camp, la fraternité, la solidarité n'étaient pas de vains mots. Un regard, une main serrée, un morceau de chiffon, une épluchure, une parole, une main furtive, un réconfort chuchoté, c'était un jour de plus où on se tenait debout.

Comment trouver les mots pour parler à Micheline, la fille de Frédérique, qui a 15 ans ? Comment lui expliquer qu'elle-même n'a pas été plus courageuse ou plus solide que Frédérique ? Que les revenantes sont en nombre infime ? Après sa visite, Denise a le sentiment que sa manière abrupte avait dû une fois encore choquer la jeune fille.

En réalité, Frédérique ne s'appelait pas Frédérique. C'est Denise, alors qu'elles étaient dans la même cellule au fort de Romainville, qui l'avait baptisée d'un autre prénom. Née Dreyfus à New York, le 2 août 1904, Raymonde Thibouville dirigeait une boutique des parfums Pinaud, 83, rue du Faubourg-Saint-Honoré. Grande et jolie femme aux cheveux auburn, les yeux bleus très clairs, elle impressionnait Denise qui la trouvait sûre d'elle et déterminée. Au camp, elles restaient ensemble autant que possible, au point qu'on les prenait pour la mère et la fille. Elles avaient vingt ans d'écart. L'amitié de Frédérique était son bien le plus précieux. « Ne m'oublie pas », avait-elle demandé à Denise. Il y a pire que la mort, l'oubli.

La nuit, enfermées dans leur baraque, couchées côte à côte sur des paillasses crasseuses, elles se parlaient. Denise se souvenait que Frédérique lui avait demandé, si elle ne revenait pas, de prendre contact avec un certain Jacques Heilbronn. C'était avec lui qu'elle avait combattu dans la Résistance. Et, c'est dans sa propriété qu'elle se trouvait quand, le 19 juin 1944, la Gestapo l'avait arrêtée. Lui était absent, parti rendre visite à sa femme et ses deux enfants cachés dans l'Allier. Il était recherché pour avoir recueilli, soigné et hébergé un aviateur américain. Cet aviateur venait juste d'être exfiltré par la Résistance. Elle avait été interrogée, transférée à Paris et condamnée à la déportation.

Denise a tenu sa promesse et prévenu Jacques Heilbronn. Jacques l'invite à lui rendre visite en Seine-et-Marne. Le temps était beau, « c'était le printemps, la campagne paisible », se souvient Hubert, le fils de Jacques Heilbronn, alors âgé de 14 ans, quand Denise est venue à Crisenoy, dans leur belle propriété située à trois kilomètres de Vaux-le-Vicomte. Une longue allée de marronniers conduit à une élégante maison de maître, au toit d'ardoise avec une façade claire, des volets en bois gris, entourée d'un jardin reposant. Meublée avec un goût exquis, cette maison si joyeuse d'habitude, où vit Jacques Heilbronn avec son épouse et ses deux enfants, Hubert et Florence, compte les morts. Onze ont péri dans les chambres à gaz, trois sont morts au champ d'honneur. Le deuil est lourd à porter.

Comment trouver les mots pour parler de la disparue telle que Denise l'a connue ? Jacques Heilbronn, 45 ans, un homme énergique à la carrure de boxeur, décoré de la médaille militaire et de la croix de guerre en 1918 (ce fut même l'un des plus jeunes décorés de la médaille militaire, il avait à peine 18 ans), est un passionné d'agriculture depuis toujours. Quand Denise lui a téléphoné, il a accusé le choc. Il est avide de détails, bouleversé par la disparition de son amie, lui qui sait si peu de chose sur les circonstances de son arrestation. Quand la Gestapo, alertée sans doute par une lettre de dénonciation, a fait irruption dans la maison, Gilbert Bloche, son neveu, jeune résistant de 18 ans, était présent, et il a faussé compagnie aux Allemands en sautant par la fenêtre. Raymonde, elle, n'a pas eu le temps de s'échapper. Elle a été arrêtée, interrogée brutalement, et incarcérée à Fresnes. Jacques ignore la suite.

Denise et Frédérique sont parties par le même convoi le 14 juillet 1944 depuis Romainville. Sur les cinquante-six Françaises déportées ce jour-là, quarante-six sont revenues. Sans le bombardement d'Amstetten, Frédérique serait là, elle aussi, non ?

Comment raconter à Jacques que Frédérique avait surmonté une grave crise de dysenterie grâce à son envie de vivre ? Faut-il lui confier qu'elle était pleine d'espoir de le revoir ? Terrassée de fatigue, battue, humiliée, les yeux enfoncés, le teint grisâtre, les cheveux ras, elle redevenait le temps d'une question l'élégante Parisienne qu'elle avait été et avait donné une leçon de dignité à Denise : « Être une femme de 40 ans, n'est-ce pas beau ? » lui répétait-elle.

Denise se charge de remplir soigneusement la fiche du souvenir de Frédérique pour l'Association des anciennes déportées, tandis que, fidèle lui aussi à la mémoire de Raymonde-Frédérique, Jacques Heilbronn, en ultime hommage, fera figurer son nom au monument aux morts de Crisenoy. Les Heilbronn deviendront une sorte de deuxième famille pour Denise. Elle viendra régulièrement chez eux. Avec son mari et ses enfants, elle y sera toujours accueillie avec la même gentillesse et un grand sens de l'hospitalité.

Une photo prise dans leur jardin en octobre 1945 montre Denise, souriante, vêtue d'une robe écossaise, cheveux retenus par des barrettes, chaussures noires plates et chaussettes courtes, entourée d'Hubert et Florence, les deux enfants de Jacques et Anne-Marie Heilbronn.

On la convie souvent à dîner dans leur grand appartement parisien, 11, boulevard Delessert, où ils accueillent parents, amis, orphelins avec une générosité incroyable ; un soir, Denise fera connaissance de son ancien chef, Jean Rosenthal, alias Cantinier, qui dirigeait le maquis de Haute-Savoie et dont elle transportait le matériel et les affaires personnelles quand elle avait été arrêtée. À l'époque, clandestinité oblige, elle ignorait le contenu des colis qu'on lui avait confiés. Enfin, on lui révélait l'identité de celui dont elle avait été l'agent de liaison et pour lequel elle avait été torturée et déportée.

Mila

Il revient aussi à Denise d'annoncer la mort de Mila à son frère, Emmanuel Racine, son aîné de dix ans. Quand Denise est envoyée à Ravensbrück, Mila est déjà là. Arrivée par le convoi dit des 27 000, elle a été arrêtée le 21 octobre 1943 alors qu'elle convoyait des enfants juifs en Suisse. Conduite à la prison d'Annemasse, elle cache qu'elle est juive. Au camp, Denise et elle se rapprochent, d'autant plus qu'elles ont été toutes les deux Éclaireuses. Sa beauté frappe Denise. Elle a la chance de ne pas avoir été rasée. Ses cheveux noirs sont vite striés de blanc, ses yeux sont bleu vif. Denise la trouve à la fois « délicate et forte, romantique et rationaliste, généreuse et intransigeante ». Ni l'une ni l'autre n'avouent pourquoi elles ont été arrêtées. C'est la règle, par crainte de subir un nouvel interrogatoire.

Mila est de celles qui donnent du courage à ses compagnes. Elle met sur pied une chorale avec les autres Éclaireuses cachées entre deux blocks. Denise, qui chante faux, fait le guet. À chaque minute, Denise raconte qu'elle craint de voir surgir « un uniforme vert ou une trop élégante *lager polizei* un bâton à la main». Mais elle garde en mémoire le souvenir de la main de Mila, «blanche, extrêmement maigre, qui bat la mesure».

Denise avait remarqué que Mila, qui parlait russe et allemand, connaissait des chants du répertoire des Éclaireuses israélites. Sous le sceau du secret, Denise lui avait confié qu'elle était juive. Mila avait nié l'être aussi, avant d'ajouter: «Si je l'étais, j'irais en Palestine.» À son frère qu'elle admirait tant, à sa sœur qu'elle évoquait avec une immense tendresse, Denise a enlevé tout espoir de la revoir.

En novembre 1981, Denise a 67 ans lorsqu'en compagnie de Violette Maurice, avec qui elle restera très liée, elle se rend à Tel Aviv. Elle doit y prononcer un discours pour l'inauguration d'une crèche qui porte le nom de sa camarade, Mila Racine. «Vous la connaissez sous le nom de Mila, pour nous, au camp, c'était Marianne, raconte-t-elle. J'ai le devoir, l'obligation douloureuse de témoigner sur Mila, vis-à-vis de ceux qui pensent encore à elle.» Elle en a gardé une image inoubliable: «Je pense maintenant au sourire calme et beau de Marianne. Il montre sa volonté farouche de rentrer chez elle malgré ses forces qui déclinaient: pourtant elle est consciente des quelques chances sur mille qu'elle a d'être rapatriée. Cependant, elle veut tenir jusqu'au bout pour dire à sa mère qu'elle a senti avec quelle intensité elle l'aimait, combien furent merveilleuses ces années passées près d'elle.» Denise aussi rêvait de redevenir la petite fille qui revenait du lycée et se jetait dans les bras de sa maman.

La délivrance

> « Mais ils ne sont pas surpris ni intrigués. C'est de l'épouvante que je lis dans leurs yeux. »
>
> Jorge Semprún, *L'Écriture ou la Vie.*

Dimanche 15 avril 1945, dans l'après-midi, vers 3 heures, à l'entrée du camp, une voiture radio avise les déportés par haut-parleur. « *You are free !* » « *Good morning people ! You are free !* » « Déportés, vous êtes libres ! Ne sortez pas du camp, il y a danger ! Nous allons tout de suite nous occuper de vous ! Vous êtes libres ! » « C'est la deuxième armée britannique qui vous libère. Patientez dans l'ordre et la discipline, des vivres vont arriver. »

Ce jour-là, il n'est pas sûr que Simone entende les haut-parleurs, le camp est si vaste. Mais la nouvelle se répand à la vitesse d'un éclair. À son poste de pluche, Simone, les mains décharnées, en sang et la peau tailladée, titube de sommeil, le typhus sape ses dernières forces. Elle réagit à peine. Les Anglais n'en reviennent pas. Ils sont médusés par la quasi-absence de réactions des déportés. Peu de cris de joie. Juste le silence. Des larmes d'émotion et de tristesse. La libération vient trop tard. Yvonne n'est plus là. Elle est morte trois semaines plus tôt.

À la seconde où Simone apprend l'arrivée des libérateurs, elle marche comme un automate en direction du block où gît sa sœur. Chaque pas lui demande un effort qu'elle n'est pas sûre de pouvoir fournir. À peine a-t-elle avancé dans l'allée boueuse en direction de leur baraque qu'elle est stoppée par deux soldats britanniques qui lui interdisent l'entrée de cette partie du camp entourée de barbelés. Elle voit des hommes en combinaison jaune, portant des masques, vaporisant d'un nuage de poudre blanche toutes les prisonnières qu'ils croisent sur leur chemin ou dans les baraques.

Hagarde, Simone tente, avec quelques mots d'anglais, de demander qu'on la laisse passer. Elle sait que la fièvre s'est emparée de sa sœur qui se plaint d'effroyables maux de tête. Madeleine tiendra-t-elle ?

Cette libération tant attendue, elle doit la partager avec Milou, c'est crucial. Treize mois qu'elles ne se quittent plus, ce n'est pas le moment d'être séparées. Simone voudrait l'étreindre, l'embrasser, se loger dans ses bras, se consoler auprès d'elle. Le jour où le cauchemar prend fin, pourquoi ces soldats britanniques butés la privent de ce moment qu'elle n'espérait plus ?

Dans leur baraque, prévue à l'origine pour soixante personnes, s'entassent six cents femmes couchées à même le sol. Dans cet enchevêtrement de corps,

Milou, à bout, est mal en point, Simone le sait. Quand elle est partie travailler à la cuisine, elle l'a laissée allongée sur sa paillasse parmi d'autres femmes mourant de faim et de soif, pêle-mêle, certaines enflées ou au contraire émaciées, recroquevillées, à demi mourantes.

Quand Simone parvient à atteindre sa sœur, leur réaction est identique. Ni joie ni peine. Rien. À demi incrédules. Comment songer à une vie normale après ce qu'elles ont vécu ici ? Presque impossible.

On leur distribue une boîte de phosphatine, quelques gâteaux secs, du sucre, un peu de chocolat, un morceau de fromage et deux cigarettes. Le lendemain, arrivent les camions-citernes. Enfin, le plaisir de tremper les lèvres sèches dans de l'eau.

Les tanks sont assaillis par les déportés qui se ruent pour recevoir de la nourriture et pillent les hangars où les Allemands entassaient les vêtements civils récupérés, et qui croulent sous les capotes fourrées, les toiles de tente, les linges…

Depuis la mort de leur mère, ni l'une ni l'autre n'ont encore le goût de vivre. Elles se sentent dégradées, si humiliées qu'elles n'ont plus envie de se battre.

Ne plus entendre les hurlements des kapos, ne plus trembler de peur, c'est déjà beaucoup. Simone et Milou ne prêtent plus un regard à ce monceau de cadavres émaciés au coin des allées qui pourrissent sous le soleil du printemps. On dénombre entre dix mille et douze mille décès après la libération du camp.

Les soins tardent. Chaque heure compte. Aucune

amélioration. On se dit qu'on ne va pas tenir. Le peu d'énergie qu'avaient les deux sœurs au moment de l'arrivée des Britanniques s'est comme dissipée.

Couvertes de plaies, gonflées par des œdèmes, Milou et Simone se sentent hideuses. Depuis quand ne se sont-elles pas regardées dans un miroir ?

Dans un ultime sursaut, Simone se dit que c'est trop bête de mourir maintenant. Et pourtant, il faut encore de l'énergie pour se tenir debout, pour un peu d'eau, pour garder une couverture, de quoi s'étendre. Il n'y a pas assez de brancards pour transporter les malades, il n'y a pas assez de bras pour les aider. Il y a peu de temps, elle prétendait pouvoir tenir encore un mois ou deux. Mais à présent, elle n'en est plus très sûre. Tenir jusqu'à l'arrivée des secours, mais à quoi bon ? Elle a le sentiment de ne plus être capable de rien.

Le 16 avril, il y a un premier départ de Françaises, des résistantes qui emportent avec elles la fameuse liste des Français et des Françaises déportés à Bergen-Belsen et qui sera publiée dans le journal *Libres.* Elles ne sont donc pas sur cette liste où ne semblent recensées que les résistantes. Pas les déportées juives.

Simone et Madeleine restent collées l'une à l'autre ; c'est le seul moyen de survie. Obtenir des rations de nourriture et des pastilles de charbon quand on n'est pas valide est impossible ; les premiers temps, les soldats britanniques ne font pas face. Simone déambule dans le camp. Ce n'est pas de la joie qu'elle ressent, c'est un sentiment étrange d'abandon. Les Anglais filment et photographient. Elle croise des soldats britanniques, compatissants mais démunis, comme désarçonnés par les déportés.

Puis, les équipes sanitaires dressent des tables sur des chevalets et disposent des vivres : du pain, des boîtes de corned-beef, des biscuits secs, des pains de margarine, du sucre en poudre, des barils de lait en poudre délayés dans de l'eau. Erreur fatale pour des centaines de déportés qui se tordent de douleur, leur estomac délabré ne supportant pas cette nourriture trop grasse, trop abondante, qui déclenche des diarrhées effroyables.

Au bout de quelques jours, les internes en médecine anglais, réquisitionnés par l'armée, arrivent et commencent à trier les malades ; c'est évident, les équipes choisissent celles qui semblent avoir une chance de guérir.

Hôtel Lutetia

> «Les scènes déchirantes de retrouvailles, de certitude qu'il n'y aura plus jamais de retrouvailles.»
>
> Olga Wormser-Migot,
> *Le Retour des déportés.*

La tension psychologique, note un des responsables de Bergen-Belsen, est extrême. Certaines prisonnières se battent pour se hisser d'elles-mêmes dans les brancards. Ne pas être évacué provoque une effroyable déception, et la dépression qui s'ensuit entraîne la mort. À l'inverse, le fait de se sentir en sécurité déclenche chez certaines un tel relâchement que la volonté de survivre s'évanouit.

Quinze jours après la libération du camp, pas grand-chose n'a changé. L'attente s'éternise. Simone, plus vigoureuse, est debout. Milou ne quitte pas son lit. Patienter ? Chaque jour qui passe, Simone voit l'état de sa sœur se dégrader un peu plus. Elle la réconforte du mieux qu'elle peut. Elle essaie de l'encourager à tenir. Milou est extrêmement maigre.

Pourquoi sont-elles maintenues sur place ? Rester dans ce lieu de mort est insupportable. L'envie de fuir au plus vite se heurte à l'exigence sanitaire. Elles restent en quarantaine et ont le sentiment de continuer à mourir dans l'indifférence.

Un jour, le micro demande à toutes les Françaises capables de marcher de se réunir sur la place. Elles sont emmenées en camion jusqu'à la douche et de la douche à l'ancienne caserne des SS transformée en hôpital ; pas de lits, mais des paillasses propres le temps de se débarrasser du typhus.

Les soldats français prisonniers de guerre de l'Oflag XIB, à proximité de Bergen-Belsen, leur rendent visite. Ce sont eux qui apportent les premiers secours. Indignés par ce qu'ils voient, les hommes font une collecte, réquisitionnent des provisions dans les villages alentour et apportent des vêtements et du linge propres aux déportés encore livrés à eux-mêmes. Ils leur donnent des biscuits, du sucre, des médicaments et des cigarettes. De jeunes Françaises se mettent ainsi à fumer pour calmer leurs nerfs ou peut-être par goût de la nouveauté. Simone échange les cigarettes qu'on lui offre contre du lait et du pain blanc dans les fermes à proximité du camp. Les prisonniers de guerre sont rapatriés en premier, et certains emportent des lettres pour les familles.

Divers bruits circulent. Pourquoi les avions qui partent tous les jours pour la France ne les prennent-ils pas ? L'épidémie de typhus retarderait le rapatriement, la France n'aurait pas envie d'accueillir les déportés. On délivre des autorisations spéciales de rapatriement à des personnalités, des médecins dont on aurait besoin, des gens influents, etc. On rouspète. La seule réponse est : « L'état du malade ne permet pas encore le retour. Patientez. »

Au fur et à mesure, les déportées déménagent pour des bâtiments en dur avec des grands dortoirs où sont installés de véritables lits en fer où l'on peut dormir seule.

Tout semble se décider plus ou moins au hasard, d'où l'impatience de Simone à être rapatriée. Elle est fébrile. Plongée dans l'angoisse de l'attente. Coupée du reste du monde. Qui saura qu'elles sont là ? Où est le reste de la famille ? À qui annoncer la mort de leur mère ? L'inquiétude domine. Qui va les attendre ? Son père et son frère sont-ils encore vivants ? Et Denise ?

Le 27 avril, soit douze jours après l'arrivée des troupes britanniques, le lieutenant Henri François-Poncet, officier français de recherches, arrive. Pour la première fois depuis des mois, quel plaisir de donner son nom à un officier français. Rien que cela.

La vie s'organise sur place dans l'attente du rapatriement. Certaines rentrent par leurs propres moyens. Sur les listes des prisonnières, celles qui sont parties sans attendre les ordres de rapatriement, en se glissant dans des convois de prisonniers de guerre ou dans des camions de troupes britanniques, sont signalées par la mention : « pas de trace depuis la libération » ou « évacuée non officiellement ». Certaines décèdent dans l'intervalle. La prolongation de la détention a des effets désastreux sur le moral des déportées qui se demandent si elles reverront leur terre natale. Ce qu'elles veulent entendre, c'est qu'on va les ramener, qu'on espère les ramener vite, qu'on leur dise quand on va les ramener. Aucun signal ne leur est donné. La libération est déjà semée de déconvenues. Elle est amère.

Le 8 mai, c'est la capitulation du IIIe Reich. Elles entendent les cloches sonner et des coups de canon. Des déportés crient de joie « la guerre est finie ! ». Et toujours pas de rapatriement. Coupées du reste du monde, elles n'ont aucune nouvelle du reste de la famille. Denise ? Jean ? Leur père ? Leurs cousins et cousines ?

Enfin le 17 mai, c'est le départ. Deux cent trente-sept Françaises forment le convoi de rapatriement. Pour Milou et Simone, cela les oblige à laisser derrière elles le corps de leur mère enseveli dans une fosse commune. Comment partir le cœur joyeux ? La force manque à beaucoup pour chanter *La Marseillaise.* On les fait monter dans des camions bâchés avec des drapeaux français, Milou, quasi mourante, est autorisée à s'asseoir à côté du chauffeur. Chaque cahot secoue ces femmes encore fragiles, qui s'accrochent les unes aux autres pour ne pas tomber. À vingt kilomètres de Bergen-Belsen, il y a un aérodrome, situé à Celle, d'où partent les avions à destination de la France. Stupeur, le convoi ne s'arrête pas.

Sur le trajet, les routes sont défoncées, pleines d'ornières, et plusieurs arrêts sont nécessaires. Aux haltes dans des casernes où s'entassent des prisonniers de guerre, on leur distribue du pain, du saucisson et des bouteilles d'eau. Aucune indication sur l'endroit où elles se trouvent. Soltau, Sulingen, Rheine, Kevelaer… Au poste-frontière entre les Pays-Bas et l'Allemagne, elles montent à bord d'un train qui roule doucement jusqu'à Bruxelles. Enfin la France. Première halte, Valenciennes, ville dévastée par où passent cent mille à cent cinquante mille prisonniers et déportés. On leur dit qu'elles vont bientôt rentrer chez elles. Du regard, elles s'interrogent. Où est-ce « chez elles » ?

Dans le hall de la gare, une série de guichets les attendent. Contrôle, nom, prénom, tout doit être décliné. Douche, saupoudrage, examen clinique sommaire. Pour Simone, mention du typhus, œdème malléolaire cheville droite. Elle pèse 48 kilos pour 1,61 mètre. Le médecin note que l'état général est mauvais, un amaigrissement de six kilos est signalé. Pas de trace de la fiche de Milou. Le contrôle sanitaire passé, elles reçoivent l'exeat, une carte de rapatriée, verte, qui sert de carte d'identité. On a le droit d'envoyer un télégramme à ses proches. Le formulaire est tout prêt. Ne reste qu'à indiquer le nom du destinataire et la signature. « Suis rentré(e) en France. Santé bonne. Arrivée imminente. »

Mais à qui envoyer le message ? Milou et Simone sont sûres de retrouver Denise. Quand elles ont été arrêtées, Denise était à Lyon, cachée, et semblait hors de portée des Allemands. C'est le coup de massue quand à une des haltes du convoi, quelque part entre l'Allemagne et les Pays-Bas, elle ne sait pas où, Simone croise une « connaissance » d'Auschwitz qui avait été déportée ensuite à Ravensbrück. « C'est bien toi, Simone Jacob ? J'ai vu ta sœur à Ravensbrück », lui dit-elle.

Simone s'effondre. De Ravensbrück, elle avait entendu le pire. Avec sa mère et sa sœur, elles se réconfortaient en pensant que, si aucune d'entre elles ne rentrait, au moins il resterait Denise. Cette nouvelle anéantit tout. Personne ne les attendrait ? Pour la seule et unique fois de sa vie, Simone a eu une crise de nerfs.

Qui prévenir ? Les deux sœurs pensent à leur tante Suzanne. Son adresse figure en effet sur les cartes de rapatriées de Milou et de Simone.

Gare du Nord à Paris, des bus les attendent et les conduisent à l'hôtel Lutetia pour les formalités. Quelques heures, juste le temps d'un rapide examen médical et d'un interrogatoire pour contrôler leur identité, et elles voient arriver Suzanne. Un taxi les emmène rue Jean-Baptiste-Dumas. Elles y retrouvent Denise. Saine et sauve dans le salon. Le 23 mai 1945, les trois sœurs sont enfin réunies.

Yvonne

« Maman est morte. C'est beaucoup mieux, elle était malade », avait dit Milou à sa petite sœur quand celle-ci était rentrée de la cuisine des SS où elle avait été affectée. Toutes deux s'étaient effondrées. C'était autour du 20 mars, elles n'avaient plus la notion du temps. Après douze mois dans l'enfer des camps, où, à chaque instant, Yvonne avait fait preuve d'optimisme et soufflé de l'espoir à ses filles, elle s'était éteinte, à 45 ans, comme une bougie dans les bras de Milou. D'épuisement. Pendant que Simone travaillait à la pluche dans les cuisines des SS, Milou veillait sur leur mère, essayant de lui trouver de la place pour s'allonger, ou au moins allonger une partie de son corps. Simone ne l'avait pas vue mourir. Et son corps avait déjà été emporté quand elle était rentrée dans le block.

Les deux sœurs étaient sûres de mourir à la suite de leur mère. Le typhus foudroie en quinze jours, trois semaines au maximum. Ce serait bientôt leur tour. Chacune racontera que l'autre n'avait plus envie de vivre. Qui dit vrai ? Les deux probablement. Milou sent que sa petite sœur est dévastée, et Simone s'acharne à convaincre sa sœur aînée de tenir pour voir la libération du camp. « Tu tiendras, le plus dur est passé. Ce serait trop bête », lui répète-t-elle.

Le seul recours, c'est de soutenir l'autre, lui parler, lui tenir la main ou le bras pour l'aider à marcher, prononcer une parole qui réconforte. Simone se bat pour Milou. Il faut croire au retour, sans quoi on meurt dans l'instant qui suit. Elles sont nombreuses celles qui se lèvent, font quelques pas, puis s'effondrent. Faut-il s'accrocher à l'idée que la fin de ce cauchemar approche ? Oui, Simone le croit. Puisque certaines d'entre elles en sortiront vivantes, pourquoi pas elles ?

C'est une fois à Paris que, brutalement, Milou et Simone prennent conscience que leur mère est morte. Là-bas, le sentiment d'anéantissement les empêchait de ressentir quoi que ce soit, comme si la douleur anesthésiait les émotions. Dans le salon de leur tante, elles mesurent l'absence de leur mère adorée.

La perte de leur mère, magnifique de bonté et débordante d'amour, est un deuil excessivement douloureux. Les circonstances la rendent encore plus tragique. Pour Denise, la mort de sa mère revêt une autre signification encore : « Je n'ai jamais regretté qu'elle ne fût pas revenue, peut-être parce qu'il était trop difficile de vivre après tout cela, et je l'imaginais trop atteinte. » Au fond, se dit Denise, maman est morte avec l'espoir que son mari et son fils survivraient. Et elle croyait Denise à l'abri à Lyon.

Yvonne laisse trois filles orphelines et sa sœur Suzanne plongées dans un chagrin immense. Suzanne aimait tant sa petite sœur ! Quand Yvonne avait dû suivre son mari en 1924 sur la Côte d'Azur, parce que la Riviera, croyait-il, serait un nouvel Eldorado pour les architectes, elle n'avait pas accepté de gaieté de cœur de se séparer de sa sœur, d'abandonner les concerts dont elles raffolaient. Elle regrettait également qu'Yvonne ait renoncé à ses études après la naissance de Madeleine et de Denise. D'un commun accord, Yvonne et Suzanne s'arrangeaient pour passer ensemble les vacances, soit à La Ciotat dans la lumineuse maison des Jacob, soit dans la propriété des Weismann, dans l'Oise, avec son jardin si charmant, comme ce fut le cas à l'été 1939, le dernier été avant la guerre.

Alors que son état de santé avait été jugé mauvais quand elle avait passé la visite médicale à Valenciennes, Simone se remet physiquement assez vite. Denise essaie de lui redonner goût à la vie. Comme Simone a échappé à la tonte, ses cheveux bruns encadrent joliment son visage, ses traits fins et réguliers sont revenus, ses yeux pétillent à nouveau, sa silhouette est presque normale. En revanche, Milou, maigre et décharnée, reste entre la vie et la mort. C'est une miraculée. Leur oncle, Robert Weismann, dit Bobby, médecin à l'hôpital Bichat, comme son épouse Suzanne, hésite à l'hospitaliser, craignant l'isolement dans lequel on place les malades du typhus qui reviennent des camps. Le mieux, pensent-ils, c'est de la garder à la maison et de la soigner en l'alimentant correctement. Grâce à leurs connaissances, voisins de la maison de campagne, ils sont ravitaillés en légumes frais, en beurre, en œufs et en lait. Les Heilbronn aussi se chargent de leur apporter les provisions manquantes.

Au bout de quelques jours, Milou se sent mieux. Elle dit peu de chose. Mais avant tout, elle remercie Simone sans qui elle ne serait pas rentrée, explique-t-elle. Elle était trop désespérée. Ce sont les soins de sa petite sœur qui l'ont maintenue en vie.

Hommage de la France

Jamais Denise ne se l'expliquera, mais quand elle débarque à Paris la première semaine de mai, elle ne comprend pas que nul ne la soupçonne d'avoir été déportée. Rien n'indique de prime abord où elle a passé la guerre. La jeune fille ne ressemble en rien à ces femmes cadavériques, aux traits émaciés, qui effraient tant les Parisiens. Quelques semaines ont suffi pour lui redonner la même allure qu'avant guerre. Grande, de belles épaules, un joli port de tête, des cheveux blonds, des yeux bleu-vert, on la remarque. Elle s'en amuse, elle raconte qu'elle a gagné son teint hâlé en jouant de la pioche sur les voies ferrées d'Amstetten. « Elle ressemblait à une ouvrière de choc ou à une paysanne vantée par la propagande soviétique », raconte une de ses amies, tant elle donnait l'image d'une femme vaillante et radieuse.

Aussitôt, on s'empare de cette jeune résistante pour l'exhiber comme une sorte de mascotte. Elle-même le reconnaît : « On me sortait. J'avais droit aux honneurs. »

À commencer par une réception à l'hôtel de Brienne, rue Saint-Dominique, au ministère de la Guerre, siège du gouvernement provisoire. Le général de Gaulle y reçoit en grande pompe les déportés. Le 15 avril, le chef de la France libre était allé gare de Lyon accueillir trois cents Françaises rapatriées de Ravensbrück. La presse s'était fait l'écho de la foule énorme. Les Parisiens venus les accueillir étaient stupéfaits de découvrir les « beaux visages tragiques » des prisonnières descendant du train. L'envoyé spécial de *France-Soir* avait vu « des héroïnes, celles qui n'ont pas cédé, celles qui n'ont pas voulu connaître l'humiliation de se courber sous la botte ».

À l'hôtel de Brienne, comme de Gaulle le décrira lui-même, rien n'a changé. La France a failli sombrer, l'armée a été anéantie, mais demeurent un peloton de la Garde républicaine qui rend les honneurs, les huissiers avec leur chaîne en argent, les lustres en cristal, comme autrefois. Pour Denise, c'est une première. Jamais elle n'a franchi les portes d'un ministère, encore moins conviée par le héros de la France libre. Pour l'occasion, elle a mis une jolie robe imprimée qui lui a sans doute été prêtée. La cérémonie est empreinte de gravité.

Comme en écho, Simone le confirme avec un brin de regret : « Denise était sans cesse invitée, elle parlait de la Résistance, du camp. Milou et moi, jamais ! Nous n'étions que des victimes, n'est-ce pas, pas des combattantes, prises les armes à la main. Peu importait notre expérience, nos douleurs. On ne manquait pas de nous le rappeler, non sans brutalité. » Il lui est insupportable de penser que les « déportés raciaux » n'aient pas les mêmes droits.

Bien des choses séparent les trois sœurs quand elles rentrent en France. Il a fallu un mois et neuf jours à Milou et à Simone pour rentrer de Bergen-Belsen. Quand les deux sœurs franchissent le seuil de l'hôtel Lutetia, Denise est déjà rentrée depuis trois semaines. L'une appartient à la catégorie des vainqueurs glorifiés par les gaullistes ou les communistes. Pas Madeleine, pas Simone qui inspirent au mieux la pitié, au pire l'indifférence et le mépris. Denise le reconnaît : « Les résistants avaient tendance à railler les personnages semblables à mes sœurs ; ils se sont laissé prendre, ils n'ont pas combattu. »

On disait des Juifs qu'ils étaient « montés à l'abattoir », alors que les résistants avaient pris les armes pour défendre la France. Dans l'euphorie de la Libération, les déportés juifs gênaient. Par exemple, le simple fait qu'ils aient obtenu de voyager gratuitement dans le métro en incommodait certains. Il n'était pas rare de sentir le regard soupçonneux du poinçonneur dire dans leur dos : « C'est bizarre, il n'y a que des déportés à Paris. » Des passants qui voyaient le tatouage sur les bras des déportés disaient : « Ah bon, il y a encore des Juifs ? On croyait qu'ils étaient tous morts. »

À Nice, où Denise et Simone se rendent pendant l'été 1945 pour récupérer ce que leur employée de maison et les fidèles amis, les Boletti et les Guiloineau, ont pu sauver du pillage des Allemands, cela leur semble étrange de marcher dans les rues. Elles y retrouvent la mer, le ciel bleu azur, les fleurs, mais aussi l'appartement de la rue Cluvier, vide et dévasté, leurs professeurs, leurs amies de lycée ou des scouts. Certaines sont en vacances, les autres sont à mille lieues de comprendre ce qui leur est arrivé. On se réjouit de les embrasser, on leur parle comme si elles revenaient d'un simple voyage à l'étranger, nul ne leur demande les détails. Mélange de gêne et d'embarras.

Quand, à la mi-juillet, Denise est invitée à parler devant les Éclaireuses de la Résistance et de la déportation, ni Milou ni Simone ne sont conviées. À cette occasion, la différence de statut entre les trois sœurs éclate au grand jour. On préfère les actes de résistance des jeunes héroïnes qui ont sacrifié leur vie pour lutter contre l'Allemagne nazie. Ni Milou ni Simone ne demandent de traitement de faveur. Ni médailles ni décorations. Juste qu'on les écoute.

À la tribune

À deux pas de l'Étoile, salle Wagram, dans cette immense salle qui a vu tant de meetings politiques, le balcon des tribunes disparaît sous une large bande tricolore, des faisceaux de drapeaux aux franges d'or ornent les piliers, les trois couleurs tranchent à la tribune sur un fond de velours rouge. Pour préserver la fraternité des camps, maintenir l'esprit de lutte et de résistance, le Mouvement de libération nationale organise une conférence sur le thème « Les déportés accusent ».

Pour le 29 mai 1945 sont annoncés de véritables héros qui vont parler pour tous ceux et celles qui se sont dressés les armes à la main contre la barbarie nazie. On demande à Denise de se joindre à Claude Bourdet, 48 ans, membre du Comité national de la Résistance, rapatrié de Buchenwald, le général de Jussieu, 47 ans, Compagnon de la Libération, l'un des créateurs des Forces françaises de l'intérieur, rapatrié lui aussi de Buchenwald, Dora Rivière, 50 ans, médecin stéphanoise, qui a caché des enfants juifs, et vient juste de rentrer de Ravensbrück.

Denise se juge trop jeune pour prendre la parole en public. Elle va avoir 21 ans. On insiste. Puis on la décommande quelques heures plus tard sous prétexte que son apparence physique ne coïncide pas avec les photos parues dans la presse. D'aucuns sont choqués par sa « bonne mine » qui illustrerait mal la misère des camps ! C'est le moment où la France découvre alors avec horreur l'atrocité des conditions des déportés en lisant *Franc-Tireur*, *L'Humanité* ou encore *Le Figaro*. Les premières photos connues sont celles d'Éric Schwab prises à Buchenwald et Dachau : un gros plan de la porte du premier camp avec cette terrible inscription « *Jedem das Seine* » (« À chacun ce qu'il mérite »), des visages émaciés, des regards apeurés, des corps décharnés, des vivants ressemblant à des gisants, des empilements de cadavres, les portes d'un four crématoire.

Qui trouver d'autre pour témoigner au meeting et qui représenterait le mouvement Franc-Tireur ? On passe des coups de fil, on se renseigne. Malheureusement, la plupart des rapatriées sont à l'hôpital ou hors d'état de sortir. On rappelle Denise. Impossible de refuser. Intimidée, mal à l'aise, elle prend brièvement la parole et s'excuse de paraître en bonne santé !

Soixante ans plus tard, les rôles sont inversés. À la une de *Paris Match*, Simone Veil pose devant l'entrée d'Auschwitz sous la neige. Pour la commémoration de l'ouverture des camps, l'ancienne présidente du Parlement européen et membre du Conseil constitutionnel emmène ses deux fils et six de ses petits-enfants. Elle se laisse photographier là où elle a débarqué, à 16 ans, avec sa mère et Milou. Denise ne l'a pas accompagnée.

Rue Leroux

Le dimanche 10 juin 1945, le public se presse à l'ouverture de l'exposition sur les crimes hitlériens au Grand Palais. Les enfants de moins de 16 ans n'y sont pas autorisés tant les photos et les objets exposés sont violents, choquants. Toutes les victimes du nazisme y sont honorées, prisonniers de guerre, civils, fusillés, résistants, déportés, Juifs. Moment atroce, des parents croient reconnaître sur des photos l'un des leurs, manifestant ainsi leur désarroi face à l'absence de nouvelles. Les services d'information sont incapables de donner avec précision le nom de ceux qui ont été rapatriés ou en instance de l'être.

Les quelques heures où Milou et Simone sont restées au Lutetia ne leur ont pas permis de dire au revoir à leurs compagnes ou de prendre leur adresse, souvent elles ne les connaissent que par leur prénom.

Il y avait tant de camarades que Simone avait envie de revoir ! Qui la renseignerait ? Qui la retrouverait, elle, puisqu'elle n'était pas rentrée directement à Nice ? Elle n'a jamais habité Paris, elle n'y connaît personne en dehors de sa tante. Après treize mois de promiscuité, elle ressent un vide étrange. Une sorte d'hébétude.

On lui dit que d'anciens déportés se sont regroupés. Simone décide de se rendre à l'Amicale d'Auschwitz dont elle a entendu parler. 10, rue Leroux, dans l'ancien hôtel particulier qui avait appartenu à la princesse Murat, près de la place Victor-Hugo, se pressent, dès le mois de juin, les rentrants. Les plus valides y trouvent du réconfort et de l'aide. Là-bas, il lui serait possible d'y retrouver des camarades ou au moins leurs adresses pour les contacter.

Née sous les auspices de la Fédération nationale des centres d'entraide des internés et des déportés politiques qui l'abrite, l'Amicale se donne pour tâche « de maintenir les liens solidaires et fraternels scellés pendant la déportation, de venir en aide aux déportés et à leurs familles » et de « châtier les coupables, les SS », et les « complices qu'ils ont trouvés en France ». L'Amicale est tenue en majorité par des résistants, ce que Simone ignore en arrivant.

L'urgence, c'est la recherche des « absents ». Dès le premier numéro de leur bulletin *Après Auschwitz*, daté de juin 1945, on lit cet avertissement : « Nous prions instamment nos camarades rentrés d'Auschwitz de se faire connaître à leur Amicale et de nous transmettre, le plus rapidement possible, le sort de camarades de détention qu'ils connaissent personnellement, et tous ceux déjà inscrits de passer le plus souvent possible à notre siège afin de consulter notre fichier. C'est un devoir sacré que nous devons aux familles de tous ceux dont on est encore sans nouvelles. »

C'est le cas de Simone qui espère encore, contre toute raison, le retour de son père et de son frère. À quel moment accepter qu'ils ne reviennent pas ? C'est encore trop tôt.

À l'Amicale, Simone se sent étrangère. La plupart des membres sont beaucoup plus âgés qu'elle. Ce sont des Parisiens dont les liens ont été tissés parfois avant la déportation et, pour beaucoup d'entre eux, communistes ou proches du parti communiste, autrement dit rodés aux principes d'organisation et liés par leur cause commune, la lutte contre le nazisme.

À l'été 1945, comme le reconnaît Simone, elle n'a pas d'idées politiques arrêtées, mais ce dont elle est sûre, c'est de ne pas être communiste. Si elle a été témoin de la solidarité des communistes au camp, elle a également constaté que cette entraide n'existait qu'entre eux et n'était pas tournée vers tous les prisonniers.

Autre point de friction, la libération d'Auschwitz. À l'Amicale, on remercie les soldats soviétiques d'avoir pénétré les premiers dans le camp. Or, pour Milou, Simone et leur mère, l'arrivée des Soviétiques à Auschwitz n'est pas la fin de leur calvaire. Le camp a été vidé. À la mi-janvier, ceux qui sont considérés comme les plus valides, plusieurs dizaines de milliers de déportés, sont poussés sur les routes enneigées vers d'autres camps.

Simone marche avec sa sœur et sa mère, par moins 20 degrés. Elles parcourent soixante-dix kilomètres à pied jusqu'à Gleiwitz où les SS les entassent sur des wagons découverts. Direction ensuite Mauthausen qui refuse les déportées, faute de place. Encore huit jours, cette fois vers Dora, puis vers Bergen-Belsen, libéré par les Britanniques le 15 avril 1945. Trois mois plus tard qu'Auschwitz.

Trente-cinq ans plus tard, la polémique resurgit. Au moment des Jeux olympiques d'hiver, en février 1980, un clash très violent oppose Simone Veil à Marie-Claude Vaillant-Couturier, déportée d'abord à Auschwitz puis à Ravensbrück, pour son action dans la Résistance, ancienne députée (PC). Celle-ci s'élève contre le fait que Mme Veil ait « assimilé la tenue des Jeux en 1936 et en 1980 à Moscou ; le régime nazi et celui de l'Union soviétique » et ajoute : « Je trouve cela particulièrement scandaleux de la part de quelqu'un qui doit la vie, entre autres, aux sacrifices de vingt millions de Soviétiques. » Outrée, Simone Veil lui répondra qu'elle n'ignore pas le rôle de l'Union soviétique dans la victoire sur les nazis, mais tient à préciser que ce sont en l'occurrence les Britanniques qui l'ont libérée à Bergen-Belsen.

Autre affront pour Simone à l'été 1945 : se voir refuser des soins médicaux. La prise en charge médicale des rapatriés est insuffisante. L'afflux est impressionnant. Ils sont neuf cent mille à rentrer en mai, trois cent mille en juin, cent mille en juillet, quarante mille en août, vingt mille en septembre. Pas de place dans les hôpitaux. Simone se rend au dispensaire, 8, rue des Bauches dans le XVIe arrondissement, qu'on lui a indiqué et qui est en principe réservé aux rentrants. Elle en est « chassée » sous prétexte qu'elle n'est pas une ancienne résistante. De quoi la blesser irrémédiablement.

Orphelines

Les Parisiens fêtent le 14 Juillet 1945 en dansant dans les rues pour la première fois depuis six ans. Rue Jean-Baptiste-Dumas, on pense aux absents. C'est aussi l'ouverture du procès Pétain. Pas sûr que les sœurs Jacob y prêtent attention, en grande partie, probablement, parce qu'elles sont encore affaiblies six semaines après avoir été libérées.

Et puis, au fond, ce sont les Français qui les ont aidées à se cacher, comme les Boletti ou leurs amis, les Guiberleau, et encore les deux professeurs du lycée Calmette qui ont hébergé Milou et Simone. Comment ne pas être reconnaissantes à Élena, la meilleure amie de leur mère, qui a tout fait pour leur venir en aide jusqu'au bout ? C'est chez elle qu'Yvonne avait mis à l'abri ce qu'elle avait de plus précieux. Elle lui avait confié les clefs de leur appartement. Jamais elles ne l'oublieront.

Quand, à la fin de l'été, Milou retourne à Nice, elle sent l'émotion et la peine de tous ceux qui les avaient aidées à l'annonce de la disparition de leurs proches, et tient à les remercier. Seule fausse note qu'elle rapportera à Simone, une réflexion ahurissante d'une de leurs relations. « J'espère au moins que la déportation aura mis un peu de plomb dans la cervelle de Simone ! »

Se pourrait-il que cette femme n'ait pas la moindre idée de ce qu'elles ont traversé ? Réchappées de la mort par « une combinaison d'événements improbables », selon la formule de Primo Levi, comment pourraient-elles supporter à ce point de ne pas être comprises ?

La réputation d'une « petite dernière » rebelle n'est pas fausse. Le jour de son entrée à l'Académie française, elle l'admettra en évoquant son père : « L'architecte de talent qu'il fut, Grand Prix de Rome, révérait la langue française, et je n'évoque pas sans émotion le souvenir de ces repas de famille où j'avais recours au dictionnaire pour départager nos divergences sur le sens et l'orthographe des mots. Bien entendu, c'est lui qui avait toujours raison. » Les trois sœurs sont orphelines, et elles-mêmes doivent consoler leurs deux petites cousines germaines du côté Jacob. Pour Micheline et Francine, il faut se résigner à la perte de leurs parents, Pierre et Suzanne Jacob, et de leur petit frère, François, 10 ans. Les cousines avaient été envoyées sous une fausse identité chez deux couples à Pont-de-Beauvoisin, un village de l'Isère. Récupérées à la Libération par leur grand-mère maternelle, elles reviennent à Paris avec elle. Règne l'incertitude sur le sort du reste de la famille. Les rumeurs les plus extravagantes circulent, des informations tronquées, des faux espoirs qui se multiplient. Les résultats sont souvent maigres, et parfois ils ne sont pas fiables. Les listes incomplètes, les noms écorchés, les noms des camps sont confondus. À quel moment faut-il se rendre à l'évidence ? De démarche en démarche, l'espoir s'amenuise.

Les deux petites cousines finissent par reconstituer plus ou moins ce qui s'est passé. Leurs parents ont été arrêtés à Nice le 13 avril 1944, le même jour que leur oncle, André. Huit jours passés à l'hôtel Excelsior, puis le transfert à Drancy le 21 avril, et le départ une semaine après par le convoi 72, le 29 avril 1944, d'où ils ne reviendront pas. En trois semaines, ils sont arrachés de la Côte d'Azur et assassinés en Pologne.

L'attente a été éprouvante. Une période d'espérance folle, que l'on ait 10 ou 20 ans. Une silhouette dans la rue, un éclat de voix, une lettre au courrier, chaque fois l'espoir renaît avant d'être déçu.

Les grandes personnes sont écrasées de chagrin. Chacun reste terré dans son coin, prisonnier de sa souffrance. On essaie de garder bonne figure pour ne pas peiner ceux qui sont là. Les mots, les bons, ne viennent pas forcément.

Le retour réserve aussi d'amères surprises. L'appartement de la rue Cluvier a été pillé par les Allemands, celui des deux cousines, rue de Charonne à Paris, vandalisé, certainement par des voisins. La maison de campagne est heureusement intacte. Francine à son retour ne possédait plus qu'une seule photo prise d'elle à Nice par son cousin Jean et la boîte en fer dans laquelle sa mère lui avait donné du sucre au moment de leur séparation.

Dans les réunions familiales, les absents comptent plus que les présents. Le plus effroyable, ce sont les reproches sous-entendus, exprimés ou muets, des proches de ceux qui sont morts. L'un aurait préféré voir revenir sa mère plutôt que son père, l'autre son frère plutôt que sa sœur. Retrouver les siens n'est pas retrouver tous les siens.

Que dire à ces fillettes de l'horreur des camps ? Leur parler de la chambre à gaz ? Du tatouage que Milou et Simone portent à l'avant-bras ? Pas sûr qu'elles parviennent à leur expliquer.

De leur père et de leur frère, les trois sœurs ignorent longtemps où ils ont été déportés. « Pendant presque tout l'été 1945, nous les avons attendus, alors que nous n'avions pourtant guère d'illusions sur le sort de ceux qui n'étaient pas rentrés », avouera Simone des années plus tard.

Le paradoxe, pour les trois sœurs, c'est d'avoir été, comme d'autres, souvent brutales envers ceux qui attendaient en vain le retour de leurs proches. Mais pour leur père et leur frère, aucune d'elles n'est prête à renoncer à l'espoir. Encore à l'automne 1945, Milou et Simone, quand elles remplissent le dossier de demandes de bourses, écrivent qu'elles sont « sans nouvelles » de leur père et de leur frère.

Il est rare que Simone, tout comme Denise, parle de Jean. Le frère est comme un fantôme. En 1976, interrogée à la télévision sur son parcours, les yeux de l'ancienne déportée s'étaient embués de larmes à la seule évocation de son grand frère. Jean et Simone étaient dans le clan des « petits ». Ils avaient vingt mois d'écart et étaient proches l'un de l'autre. C'était un garçon assez rêveur, au regard profond, toujours un appareil photo à la main.

Novembre 1978. Au ministère de la Santé et de la Sécurité sociale, avenue de Ségur, près du Champ-de-Mars, Mme Simone Veil, 51 ans, tailleur Chanel, chignon impeccable et boucles d'oreilles dorées, reçoit dans son bureau au mobilier contemporain M. Serge Klarsfeld, président de l'association des Fils et Filles de déportés juifs de France. À sa demande, il lui apporte *le Mémorial de la déportation des Juifs de France*, ce gros volume de la taille d'un annuaire du téléphone qui établit pour la première fois la liste des Juifs de France déportés en plus de quatre-vingts convois ferroviaires entre le 27 mars 1942 et le 22 août 1944 : tous les noms sont là, avec les prénoms, les dates et lieux de naissance.

Ce jour-là, Serge Klarsfeld lui révèle ce qu'il sait. André et Jean sont partis du camp de Drancy par le convoi 73 le 15 mai 1944 dans le seul train ayant emmené des Juifs de France dans les pays baltes. Huit cent soixante-dix-huit hommes. Pas de femmes ni d'enfants. Il s'est scindé à Kaunas, en Lituanie, et une partie des déportés est partie vers Tallinn, capitale de l'Estonie : certains ont semble-t-il creusé des fosses communes, d'autres ont construit un aéroport avant d'être assassinés. On compte vingt-trois survivants. Plus de trente ans après les faits, il est impossible de donner à Simone Veil le lieu et la date exacts de la mort de son père et de son frère.

Son émotion est visible, rapportera Serge Klarsfeld, étonné qu'elle ne sache pas déjà ce qu'il lui annonce. Sans doute était-ce trop douloureux pour qu'elle ait cherché à le savoir par elle-même. Au moment du décès de Simone Veil, le père Desbois, historien des massacres perpétrés par les nazis à l'Est, révèle sur Europe 1 que, grâce à de nouvelles recherches qu'il avait menées, il avait été en mesure de dire à Simone Veil que son père et son frère avaient été employés à brûler les corps. Mais elle lui avait répondu : « Je ne sais pas si je peux savoir ou si je veux savoir », aurait-elle dit.

En 2002, Simone fera le voyage à Kaunas et Tallinn sur les traces de son père et de son frère. Denise ne l'a pas accompagnée. « Je n'allais pas dans les camps », disait Denise. Son refus était catégorique. Aucun pèlerinage à Ravensbrück ni à Mauthausen.

Un voyage pour rien, pense Simone : « Ce récent voyage n'a en rien modifié les questions angoissantes que je n'ai cessé de me poser sur leur sort : où ont-ils été ? À Kaunas ? À Tallinn ? Aucun indice. Sont-ils restés ensemble ? Combien de temps ? Qu'ont-ils eu à subir avant d'être assassinés ? »

« Ce sont les questions que nous nous posons tous, auxquelles il faut sans doute se résoudre à ne pas avoir de réponse. Si nous connaissions la vérité, peut-être serait-elle pire que tout ce que nous pouvons imaginer. Même après avoir été là-bas, je ne peux penser à eux sans cette immense et insupportable angoisse. »

Comment se débarrasser de l'horrible sentiment

de culpabilité qui la ronge depuis son retour ? Quand les hommes jeunes et valides ont été choisis soi-disant pour travailler pour l'opération Todt, leur mère a cru, tout comme Milou et elle-même, que c'était une chance. Presque un honneur. C'était idiot. S'il était parti à Auschwitz avec elles, il aurait eu plus de chances de survivre, se dit-elle. Pourquoi avoir cru les Allemands qui prétendaient que ces hommes sélectionnés allaient travailler sur le Mur de l'Atlantique ? C'était absurde.

Pendant que Milou est soignée au domicile de sa tante, Simone, livrée à elle-même, sans aide psychologique d'aucune sorte, ne sait pas comment s'occuper. Elle ne connaît personne à Paris. C'est une provinciale. La guerre l'a surprise à l'adolescence, elle en a réchappé, mais elle est habitée par la mémoire de sa mère. La liberté n'a pas le goût espéré, elle se sent affreusement seule. Pas d'amis, de vagues connaissances, des vides. Simone, qui vient de fêter ses 18 ans le 13 juillet 1945 sans grand entrain, voit des gens aux terrasses des cafés, qui flirtent, des promeneurs au parc Monceau ou sur les quais de la Seine. Ce n'est pas pour elle. Elle repense à la joie qui éclatait quand les quatre enfants ouvraient leurs cadeaux rue Cluvier. Plus rien n'y ressemble.

L'Occupation à Paris avait pris fin un an plus tôt. Les Français se souciaient maintenant davantage des questions de ravitaillement que des « camps de la mort ». Elle finissait par se demander si ce qu'elle avait vécu avait réellement existé.

En mai 1945, bien que Paris ait été libéré depuis neuf mois, on y mange toujours aussi mal. Le manque de vêtements est criant, une voisine donne à Simone une robe et une culotte. La presse se scandalise de la lenteur des formalités à laquelle se heurtent les rapatriés et de l'absence de costumes pour remplacer les tenues de bagnards !

Le bonheur d'être rentrée n'existe pas. Elle vient d'un autre monde. Les Français semblent être passés à autre chose, les déportés n'intéressent plus.

La cohorte d'ombres qui s'accroche à elle l'empêche de savourer la liberté recouvrée. Encore éreintée, anxieuse de savoir où ont été envoyés son père et son frère, et avec toutes ces tracasseries de papiers à remplir, son moral n'est guère brillant. Elle essaie de ne pas être trop triste. Milou en est convaincue, les absents ne souhaiteraient pas qu'elles le soient.

Fanny et Tauba

> « Je suis revenue d'entre les morts et j'ai cru que cela donnait le droit de parler aux autres et quand je me suis retrouvée en face d'eux je n'ai rien eu à leur dire. »
>
> Charlotte Delbo.

Pour Milou et Simone, le plus troublant, ce sont peut-être les questions qu'on leur a posées au Lutetia : Avez-vous connu mon fils ? Ma mère ? Regardez cette photo. Elle ne vous dit rien ? Comment pourrais-je avoir de ses nouvelles ? Vous, vous êtes rentrée quand ? Et comment ? Sous-entendu, vous avez eu cette chance, lui pas. Le reproche sous-jacent d'avoir pris la place d'une autre est terrible. La ruée des gens à l'entrée de l'hôtel Lutetia est pathétique. Les « non-rentrés » sont attendus longtemps, plus que de raison. Chacun de ceux qui attendent scrute le visage des arrivants qui sont pris au dépourvu par l'assaut des parents, des enfants, des époux qui les harcèlent. Les photos des absents sont heureuses, des souvenirs de communion, de mariage ou d'anniversaire. De là où ils reviennent, ils n'ont en tête que des visages creusés, des regards vides, des crânes rasés, des corps squelettiques. Aucune des trois sœurs n'échappe à ces interrogatoires.

Elles répondent sans prendre de gants, sans ménagement. Non, ils ne retrouveraient personne, ils ont tous été gazés à leur arrivée, il n'y a aucun espoir, y compris pour les plus jeunes. Qui pouvait les croire puisqu'elles étaient elles-mêmes vivantes ?

Rien n'est facile ni pour elles ni pour ceux qui les accueillent. Les questions incongrues, les interruptions de parole, le manque de compassion, l'impression d'être une « bête curieuse » les contraignent à préférer la compagnie des camarades de déportation aux « gens du dehors », si attentionnés soient-ils. C'est leur vraie famille, celle avec qui elles étaient là-bas. Les autres peuvent-ils comprendre qu'il fallait compter les morts chaque jour à l'aurore ?

Souvent quand on les interroge, ce que l'on demande est stupide. Ou superficiel. « C'était dur, hein ? » entendent-elles. Si elles leur répondent succinctement parce que les mots ne viennent pas, la conversation s'arrête aussitôt. En fait, ils ne veulent pas savoir. On s'inquiète par politesse, par savoir-vivre, parce qu'il faut faire semblant de s'intéresser à autrui. D'autres évitent de vous questionner, vous traitent comme si vous reveniez d'un banal voyage à l'étranger. « Ah vous voilà de retour. » C'est aussi parce qu'ils craignent d'être mal à l'aise en entendant des horreurs et préfèrent éviter d'en parler. Les déportés, eux, dans leurs pires cauchemars au camp, imaginaient que personne ne les croirait.

Il y a parfois une curiosité mal placée. Certains veulent des récits encore plus horribles que la réalité. Troublante expérience racontée par une camarade de Denise, Micheline Maurel, à qui on demande de témoigner : « Une dame m'a dit d'un ton dédaigneux : "Oui, mais en somme, vous ne parlez que de la faim..." Elle attendait les tortures, les exécutions, les viols, et voilà, je parlais du pain et de l'oseille sauvage. »

Il y a aussi le soupçon. Pourquoi sont-elles revenues et pas les autres ? Qu'ont-elles fait ? Tout aussi insupportable. Elles n'ont aucun mérite à avoir survécu. C'est une question de chance, elles le savent. Comment l'expliquer ? Les gens sont sceptiques, tiennent des propos déplaisants, allant jusqu'à imaginer que les femmes se sont prostituées dans les bras de leurs gardiens SS. Ou dubitatifs : « C'était pas si terrible si vous êtes revenues ? »

Il me revient en mémoire l'exaspération manifestée par Simone Veil d'avoir reçu des lettres d'insulte parce qu'elle, ancienne rescapée, portait un manteau de fourrure lors de la cérémonie de commémoration à Auschwitz le 27 janvier 2005. Au téléphone, je la sentais blessée par la bêtise des gens. Rien n'arrêtait son flot de paroles, ce qui était le signe une fois de plus qu'elle ne prenait rien à la légère. Tout comme Denise, elle ne supportait pas l'ignorance et s'indignait à la moindre parole qu'elle jugeait inadmissible.

L'accueil à leur retour les a déçues, comme des milliers d'autres, les propos déplaisants, les regards fuyants, les jugements à l'emporte-pièce. Le désir d'oublier des Français les a meurtries.

Assez ! L'entourage réagit à l'unisson : « Tournez la page ! » « Oubliez, c'est du passé. » Combien de fois ont-elles entendu ces phrases toutes faites. C'est l'inverse, pour oublier il faudrait parler, il faudrait qu'on les écoute, qu'on mesure ce qu'elles ont enduré.

Tous les déportés ne sont pas logés à la même enseigne. Il y a parmi eux une hiérarchie souterraine, non dite, les résistants en haut de l'échelle des honneurs, et les autres, les Juifs, en bas, laissés sur le bas-côté des hommages de la patrie. Une fracture, une déchirure, et une blessure à jamais ouverte.

En perdant sa mère, Simone a l'impression d'avoir tout perdu. Enfant, elle réclamait sans cesse d'être sur ses genoux, dans ses bras. Elle voulait des baisers, des câlins, des caresses. Pendant toute la durée de la déportation, Yvonne ne s'est jamais plainte et a fait preuve à chaque instant d'une dignité qui faisait l'admiration autour d'elle.

Avec qui en parler si ce n'est avec celles qui l'ont connue là-bas ? C'est pourquoi Simone s'empresse de revoir Fanny et Tauba, surnommée Tola, qu'elle a connues au camp et qui l'ont soutenue sans jamais faillir jusqu'au dernier instant. C'est auprès d'elles, pendant que Denise s'absente et que Milou se repose, que Simone se réfugie comme une gamine en mal d'amour maternel.

À première vue, tout les sépare. Elles ont au moins dix ans d'écart, elles sont nées en Pologne et sont venues en France dans les années 1930. Fanny Zelinsky, authentique résistante communiste, et Tauba Glowinski sont affectées au camp satellite de Bobrek, à cinq kilomètres d'Auschwitz où Yvonne et ses filles ont été transférées en juillet 1944.

Le plus cocasse, c'est qu'à leur retour elles habitent à Drancy. Dès qu'elle l'a pu, Simone a pris le chemin de ce bastion de la « ceinture rouge » de Paris, à six kilomètres des boulevards des Maréchaux. Au 22, rue de l'Harmonie, dans le quartier des Oiseaux, elle sonne à la porte d'un pavillon de deux étages, au toit en tuiles rouges, entouré d'un jardinet avec un cerisier. Avant guerre, Émile Zelinsky y avait fait construire un pavillon. Tauba, déjà mère de trois enfants, et son mari avaient perdu leur appartement de la rue Sedaine à Paris. Émile, qui venait d'épouser Fanny qu'il avait rencontrée à Bergen-Belsen, leur avait proposé d'habiter tous ensemble.

Étrange pour Simone de se retrouver à Drancy à peine treize mois après son départ pour Auschwitz. La Cité de la Muette, d'où Simone a quitté la France, est à deux cents mètres à vol d'oiseau de ce petit pavillon de banlieue. Si elle était retournée sur les lieux, elle aurait été surprise d'y voir internés les collabos en attente de jugement.

Réunies autour d'une tasse de thé, Fanny, Tauba et Simone parlent à cœur ouvert, sans frein ni gêne, et surtout elles retrouvent les souvenirs, elles font la liste de ceux ou celles dont elles ont des nouvelles, commentent les actualités du jour. Pour Simone, c'est un havre d'amour.

Convalescence

> « Je retrouvai un lit large et propre, que le soir, avec un instant de terreur, je sentis céder mollement sous mon poids. Mais je mis des mois à perdre l'habitude de marcher le regard au sol comme pour chercher quelque chose à manger ou à vite empocher pour l'échanger contre du pain. »
>
> Primo Levi, *La Trêve.*

À la fin du mois de juillet, d'un commun accord, Milou et Denise jugent que Simone, très ébranlée, a besoin de calme et de repos. Physiquement, elle est rétablie, mais ses sœurs la trouvent mal remise. Denise se saisit de l'offre faite aux rescapées d'un séjour en Suisse pour le proposer à sa petite sœur. C'est l'ADIR, l'Association nationale des anciennes déportées et internées de la Résistance, qui l'organise. Au 4, rue Guynemer, face au jardin du Luxembourg, au coin de la rue d'Assas, dans un immeuble haussmannien réquisitionné par le ministère des Prisonniers,

Déportés et Réfugiés, un foyer a été ouvert pour les femmes résistantes, emprisonnées ou déportées, qui sont sans logis. Pour Denise, comme pour ses camarades, c'est le centre de ralliement. Geneviève de Gaulle, à peine arrivée à Paris, entraîne ses proches, dont Marie-Claude Vaillant-Couturier, Germaine Tillion, Jane Sivadon, Anise Girard-Postel-Vinay, pour fonder l'ADIR, afin de faire face au dénuement et au désarroi des survivantes. Certaines n'ont plus un sou, nulle part où aller, plus de famille, et un pitoyable état de santé.

Simone, désœuvrée et malheureuse, se laisse convaincre de partir.

Dans une belle demeure en pierre blanche, qui sent bon le bois blond et la cire fraîche, séparée du lac Léman par des jardins fleuris et des vignes en terrasse, Simone se repose dans sa chambre au premier étage. Sur la route de Lausanne, cette propriété bénéficie d'une superbe vue et offre un cadre idéal de repos.

Sur son lit en damassé, elle paresse en regardant le lever du jour sur le lac scintillant et calme, les arbres fruitiers, les toits en ardoise des maisons alignées, les sommets enneigés du Mont-Blanc. Splendide. Toutes les chambres de cette maison à la propreté immaculée sont occupées par les « protégées » de Geneviève de Gaulle qui ont reçu l'accueil chaleureux de la fille des propriétaires. Florence Gonet, la « marraine » des lieux, avait charmé Jacques de Gaulle (le frère de Charles), son épouse et ses enfants lors de leur séjour un an auparavant : « Elle conduisait avec brio un cabriolet tiré par un joli cheval », se disait-il. Son père, Alfred, banquier et philanthrope, a donné les clefs de sa propriété pour héberger des déportées et confier le soin à son frère Ernest de faire office de médecin-chef. Ce dernier est le directeur de La Métairie, une clinique psychiatrique réputée dans le monde entier, juste à côté de la villa où Otto Lowenstein, disciple de Freud, avait créé un institut médico-psychologique destiné aux enfants, avant de s'exiler à New York. Se prélasser sur les belles pelouses bordées de plates-bandes fleuries, explorer les environs, visiter le château de Prangins, où le prince Joseph Napoléon avait séjourné, et y admirer le parc magnifique, monter à bord des bateaux qui font le tour du lac s'ajoutent au plaisir de bronzer au bord de l'eau.

L'objectif, c'est de choyer ces femmes revenues de l'enfer. De quoi rêvaient-elles là-bas ? De manger à leur faim ? Voilà la table de la salle à manger décorée de fleurs et couverte de fruits, de gâteaux et de friandises. De dormir ? Ici, les lits sont moelleux, les draps soyeux, les volets fermés la nuit, le silence complet, loin des bruits de la ville. On leur fournit des vêtements, on les sort en ville. On essaie de les distraire, et on espère leur redonner goût à la vie.

Dans ce cadre idyllique, Simone est de très méchante humeur. Rien ne lui plaît, tout l'incommode. On se croirait dans un pensionnat protestant où on enseigne la morale, la rigueur et la bonne éducation. C'est comme cela que Simone ressent l'atmosphère de cet établissement, dont l'organisation est calquée sur celle d'un sanatorium avec un règlement intérieur qui impose des règles strictes. Les horaires des repas sont fixes, les sorties organisées, et les distractions autorisées au compte-gouttes pour la bonne guérison des malades.

L'erreur de départ, c'est peut-être de l'avoir mélangée aux « grandes résistantes ». D'abord, elle ne connaît aucune des treize autres pensionnaires. La voici en compagnie d'héroïnes médaillées de la Résistance, d'anciennes républicaines espagnoles, de Françaises libres, toutes déportées à Ravensbrück. Soudées par une amitié fraternelle née au camp, elles se reconstruisent ensemble. Leurs conversations, leurs lectures, leurs pensées portent sur ce passé commun de lutte et de solidarité. Denise les connaît, pas elle.

Détail qui a son importance, elle est de loin la plus jeune. Elle, qui vient de fêter ses 18 ans le 13 juillet, se retrouve avec des femmes mûres, mariées ou l'ayant été, mères de famille, bien plus avancées qu'elle dans leur vie. Elle semble pâtir d'un double handicap, être jeune et une pauvre victime déportée sans avoir combattu.

Comment ne pas se sentir écrasée par ces héroïnes dont on honore le sacrifice ? Sa souffrance ne ressemble pas à la leur, elle n'y peut rien, et elles n'y peuvent rien. Personne ne prête attention à sa gêne, ni même ne peut l'envisager.

Un oiseau en cage, c'est l'image que Simone

donne à lire dans ses souvenirs. On l'a enfermée comme une enfant de 12 ans à qui on dit « fais ceci », « ne fais pas ça ». Les portes se referment sur sa solitude à 22 heures. Résultat, un soir, elle sort danser dans un bal donné au bord du lac et a le malheur de rentrer au-delà de l'heure prévue, ce qui lui vaut d'être rappelée à l'ordre : « Après ce que vous avez vécu, vous pensez encore à danser, vous n'avez pas honte ! » s'emporte une des responsables de la maison.

A priori tout est pensé pour le réconfort des résidentes, plus démunies les unes que les autres. Ni vêtements ni sous-vêtements, plus de montres ni de bijoux, elles ont tout perdu. Certaines portent encore leurs robes rayées de Ravensbrück ou sont le plus souvent vêtues d'habits récupérés dans les centres de transit. À l'appel de Geneviève de Gaulle, les Vaudoises ont vidé leurs placards et ont fait don de tailleurs et de robes qu'elles ne portent plus. La Villa-du-Port s'est dotée d'un vestiaire mis à la disposition des pensionnaires nécessiteuses. Quand vient son tour de choisir, Simone décroche une robe qu'elle s'apprête à passer.

« Ah, mais je reconnais la robe de ma fille ! » s'exclame une des généreuses donatrices.

Simone repose la robe, sans un mot, pâle de colère. Lui revient en mémoire – c'est elle qui le racontera – le passage d'un roman de Romain Rolland, probablement *Jean-Christophe*, où des enfants d'une famille bourgeoise se moquent du fils de la bonne parce qu'il porte la vieille culotte de l'un d'entre eux. Elle n'est pas non plus la petite marchande aux allumettes du conte d'Andersen qui implore la charité. Heurtée par ce regard de commisération, elle se fige. Simone, qui a tendance à être rancunière, se plaira à raconter cette anecdote chaque fois qu'elle en aura l'occasion.

Ce n'est même pas de la coquetterie quand votre garde-robe se limite à la robe donnée par une voisine et deux ou trois tenues récupérées à droite et à gauche. Deux mois après être rentrée des camps, elle a conscience que son corps est abîmé par la malnutrition et par l'absence de soins. Ses mains sont déformées par le travail forcé. Au lieu de se sentir comprise, elle trouve de la pitié. Qui lui dira qu'elle est jolie ?

Au fur et à mesure de leur rétablissement, les pensionnaires s'aventurent hors des murs de la propriété. On les conduit en ville à l'invitation des commerçants qui leur offrent des cigarettes, du chocolat, des cadeaux de toutes sortes. Une des pensionnaires, Alice, se souvient d'une sortie avec Simone et d'autres camarades, Paule et Suzanne. Elles sont conduites en ville comme de « grands enfants devant les vitrines ». Le contraste avec les boutiques vides qu'elles ont trouvées en rentrant est saisissant. Il y a de quoi être ébloui ! La sortie tourne mal quand Simone, qui a repéré un sac à main rouge identique à celui d'une pensionnaire, dans un magasin à Lausanne, s'apprête à l'acheter, ce qui lui vaut une remarque idiote d'une des « Suissesses gardes-chiourme » selon sa propre expression. « Pourquoi acheter un sac alors que vous en avez déjà un ? » La voilà rabrouée comme une gamine. Cette envie de porter ce sac n'est-elle pas le signe qu'elle est en train de guérir ? Mais les bénévoles qui les accompagnent, avec leur éducation puritaine qui prône la frugalité et l'austérité, manquent pour le moins de jugeote, tout en étant admirables de dévouement et convaincues d'accomplir une bonne action.

Il n'est pas dans l'esprit de Simone, plutôt rétive à l'autorité, de se montrer reconnaissante. Ne pas se soumettre est un réflexe chez elle.

La mentalité suisse empêche ces dames de comprendre que la jeune fille a envie de se faire belle et d'oublier ce qu'elle a subi. Ou du moins croire qu'elle peut oublier. Revenir à la vie d'avant ? Elle sait que c'est impossible. Elle a tout perdu.

On leur conseille de suivre des cours de dactylographie ou d'anglais, sous prétexte qu'elles devront travailler. Cela la rebute aussi. Simone n'a aucune intention de devenir secrétaire. On leur explique que les mois à venir vont être durs, comme si ce qu'elles avaient vécu ne l'avait pas été.

Au bout de plusieurs semaines, elle se rend à l'évidence. Sa place n'est plus ici. Elle quitte brusquement la Villa-du-Port et s'empresse de fuir cet endroit.

Ultime humiliation à la douane. Les douaniers font du zèle et la fouillent malgré sa carte de déportée. Ils saisissent ses emplettes et en particulier la montre que ses cousins de Genève venaient de lui offrir.

Que dit-elle à ses sœurs ? Denise rassure Milou. Même si Simone est rentrée à l'improviste, elle semble avoir profité de son séjour, dit-elle. Simone ne bronche pas. Sa colère ravalée, elle leur annonce que sa convalescence est terminée. Les deux aînées n'insistent pas. Chacune des trois sœurs dissimule son chagrin pour ne pas peiner l'autre.

TROISIÈME PARTIE

Trois jolies filles

L'avenir des trois sœurs est loin d'être assuré. Elles ont 22, 21 et 18 ans, et une page blanche à écrire. Le fameux « repartir de zéro » les condamne à imaginer une vie future sans parents : « Tout ce que nous possédions avant avait été pris par les Allemands lors de notre arrestation, y compris nos vêtements, racontera avec beaucoup de tristesse Simone, les premiers temps, nous avons dû vivre d'emprunts et de dons. »

Dès le mois de juin 1945, le ministère de l'Éducation nationale prend une série de mesures en faveur des étudiants victimes de la guerre, accordant certaines facilités pour les inscriptions universitaires, des bonifications de points ou prévoyant le recul de certaines limites d'âge, l'attribution de bourses ou d'exonération totale de droits d'études. Les trois sœurs sont dans ce cas et bénéficieront d'une bourse. Au camp, leur mère leur répétait : travaillez, gagnez votre vie, faites des études. Elles l'écouteront.

À peu près rétablies, au moins physiquement, les trois sœurs sont courtisées. Il faut dire qu'elles sont fort jolies. Elles ne passent pas inaperçues. Des traits réguliers, des yeux clairs, semblables au premier abord, aux nuances différentes. Ceux de Simone, la cadette, sont pers, ceux de Denise comme de grands lacs profonds et tranquilles. Les yeux de Milou, l'aînée, plus sombres et plus tristes. Denise est la plus blonde, Simone a gardé ses longs cheveux, et ceux de Milou repoussent. Au fur et à mesure, elles se débrouillent pour s'habiller mieux, récupèrent à droite et à gauche des jupes souvent courtes faute de tissu, faites de patchworks, et se contentent de chaussures à semelles de bois. Si elles dorment d'un sommeil douloureux, peuplé de cauchemars qui les réveillent, elles n'en disent rien. Ceux qui les entourent les aiment, les embrassent, leur parlent, mais de tout autre chose que du camp. Du ravitaillement, des prix exorbitants des fruits et des légumes, des procès de l'épuration, du manque de logement, de la pénurie d'essence. On leur fait remarquer que tout le monde est malheureux.

Simone connaît mal Paris, elle ne sait pas comment goûter à la liberté qui s'offre à elle. Où est sa place ? La guerre l'a privée des amourettes de gamines. Ses parents la trouvaient effrontée, l'était-elle vraiment ? Ils lui manquent. Un jour, elle va chez le coiffeur pour la première fois de sa vie. On la met sous un casque, elle se laisse guider. Au bout d'un moment, on vient s'occuper d'elle. Ses cheveux ont brûlé à certains endroits. « Pourquoi n'avez-vous pas appelé ? » lui demande la coiffeuse. Allait-elle lui dire d'où elle venait ?

On l'invite à quelques soirées de jeunes. Elle ignore comment se comporter. Comment s'amuser quand il y a peu la soif la tenaillait à Bergen-Belsen ?

D'un tout autre tempérament, Denise, elle, choisit de s'étourdir. La mort de son cousin l'a rendue « vide », rien n'a plus de sens. Cela sera, selon ses mots, une après-guerre « folle ». C'est elle qui sort le plus, elle l'avoue, elle « vagabonde ». N'est-ce pas un peu de désapprobation qu'elle lit dans les yeux de Suzanne quand elle part de la rue Jean-Baptiste-Dumas ? Vis-à-vis de leur tante, elle est gênée. Malgré la chaleur de son accueil, sa générosité, l'atmosphère de la maison est oppressante. Regarder Suzanne, c'est penser à leur mère. Il y a tant de similitudes entre elles. Une même silhouette, une même dignité, une même voix.

Peu à peu, chacune à son rythme retrouve un peu de légèreté. À quoi rêvent malgré tout trois jeunes filles, si ce n'est de tomber amoureuses ? Pour preuve, cette scène. Un instant de joie dans cet océan de tristesse.

Autour de la table de la salle à manger, cet été 1945, rue Jean-Baptiste-Dumas, les trois sœurs dînent avec leur tante Suzanne et son mari Robert, leur fille Claude, la sœur aînée d'André, étudiante en médecine, et son mari, Florin Abélès. La salle à manger et la cuisine sont au rez-de-chaussée. Le téléphone qui se trouve au premier étage sonne. Denise se lève et transmet une invitation à dîner destinée à Milou. Ni jeudi, ni vendredi, ni mardi prochain, fait-elle répondre sans se déplacer. Et mardi de la semaine suivante ? Non, répond Milou, ajoutant « ce qu'il y a de mieux, c'est que c'est vrai ». Denise répète tout, mot pour mot, au jeune homme au bout du fil. Éclat de rire général ! Milou n'en veut pas à sa jeune sœur d'avoir répondu ainsi à son soupirant. Ce soir-là, l'ambiance a été joyeuse.

Autre moment joyeux, Simone apprend en juin qu'elle a été reçue au baccalauréat passé deux jours avant son arrestation à Nice. Aurait-elle eu la force de reprendre des études ? Rien n'est moins sûr. Quand elle rentre de Bergen-Belsen, elle se sent incapable de lire, écrire, et encore moins de raisonner. À quoi allait ressembler sa vie ?

Noël 1945

> « Rien de neuf sur la guerre. Parce que, comme le disait M. Albert en 1945 : “Les larmes c'est le seul stock qui ne s'épuise jamais.” »
>
> Robert Bober, *Quoi de neuf sur la guerre ?*

24 décembre 1945. « Le premier Noël de la paix dans les ruines de six ans de malheur, c'est Noël quand même », nous explique le commentateur des Actualités françaises, qui voit une « vraie fête dans un monde qui saigne toujours ». Des guirlandes, des lampions, des vitrines décorées, une ambiance de fête, malgré les difficultés du ravitaillement. Pas sûr que les trois sœurs aient le cœur à s'amuser.

Pour elles, reviennent à la surface les souvenirs des Noëls d'avant-guerre, ou des réveillons pour la nouvelle année, les habits de fête, les rires, les baisers, les gâteaux et les cadeaux préparés par leur mère. Elles étaient très gâtées. De tout cela, il ne reste rien.

D'autres images se superposent. Noël 1944. Camp de Ravensbrück. Denise, Mila et Frédérique avec d'autres détenues se glissent à l'intérieur de l'infirmerie et entreprennent « une tournée dans les salles des malades ». Pour créer une « ambiance digne et gaie, point trop sentimentale », elles choisissent de chanter des chansons scoutes *Les Chevaliers de la Table ronde* puis *À Saint-Michel-en-Grève*, et quelques canons et des chants de Noël. Ainsi leurs camarades entendront « la voix de la France ». Les larmes coulent, mais soulagent.

Au camp, ce jour douloureux où revenaient les images d'un foyer, de réunions familiales, de festins, la plupart des déportées s'efforçaient d'offrir à leurs sœurs d'activité des « babioles », un bout de sucre, un crayon, une cuillère. Denise avait confectionné pour Violette un petit carnet comme le sien dans lequel elle écrivait les poèmes, des paroles de chansons dont elle se souvenait et celles qu'elle écrivait au camp. Elle avait récupéré un bout de toile de jute, avec des brins de laine de chandail, bleus et rouges. Elle avait brodé sur la couverture « La victoire en chantant ». Et un beau V à l'intérieur, cousu avec de la mèche à canon. Les pages de garde sont bleu foncé, et en blanc, elle a marqué : « Ravensbrück 1944 ». Sur celui de Violette, il y a des petites fleurs, et « La vie est belle, belle toujours ». Il lui avait fallu un temps fou, prendre des risques, voler plusieurs aiguilles, du papier, se cacher pour le fabriquer. C'était la parfaite illustration de son esprit de résistance jusque dans le camp, ce dont elle était excessivement fière. Lors d'une de mes visites, elle me l'avait montré, ce qui était une marque de confiance. Précieux trésor qu'elle conservait comme une relique.

Six mois après leur retour, elles semblent en bonne santé. Mais comme la plupart des déportés, aucune des trois sœurs ne bénéficie d'une consultation de psychologie. Elles sont vivantes, c'est l'essentiel. Personne ou presque ne s'inquiète de leur traumatisme psychique. Alors, « les revenantes », si fragiles, se débrouillent comme elles peuvent, c'est-à-dire mal. Mal comprises, elles se ferment, se donnent bonne contenance et ravalent les sensations de mal-être qui les envahissent. Retranchées du monde des vivants, elles ne savent pas comment y revenir. Ceux ou celles qui les accueillent sentent leur désarroi, ne les comprennent pas, les voulant heureuses et joyeuses, alors qu'elles sont tristes et sombres.

« Ces trois sœurs provoquaient l'admiration et l'affection tant elles étaient solidaires dans la mémoire de leurs malheurs », se souvient Hubert Heilbronn, alors adolescent, quand Milou, Denise et Simone viennent se reposer dans leur maison : « Nul ne parlait de leurs drames. J'appris le silence. »

Personne n'ose les questionner, et elles évitent de se livrer de peur d'incommoder. Impénétrables, elles sont trois jeunes filles en apparence pareilles à toutes les autres. Elles gardent pour elles seules leurs peines, leurs désillusions, leurs envies, leurs tourments. Si chaleureux soient leurs hôtes, ils n'ont pas vu ce qu'elles ont vu.

Leur santé physique est l'objet de soins, leur moral

non. Au mieux, dans les dossiers médicaux constitués dans les dispensaires ou les centres médicaux d'accueil, on note asthénie, voire neurasthénie, irritabilité, surmenage nerveux. Le côté impassible, fréquent chez les déportés à leur retour, traduit en réalité une profonde dépression. Hébétés, incapables de trouver les mots, dans un état de sidération complète, ils se forgent une carapace pour lutter contre les cauchemars, filtrant au maximum leurs souvenirs pour moins souffrir, les refoulant au plus profond d'eux-mêmes. Personne ne devine que, souvent dans la vie de tous les jours, accomplir certains gestes, les plus anodins, leur paraissait incroyable. Aller et venir librement, ouvrir ou fermer une porte, se mettre à table, se coucher dans un lit avec des draps, ne plus entendre hurler des ordres ou des chiens. Comme l'écrit Charlotte Delbo : « Ce qu'elle a été longue cette première année. Elle n'en finissait pas, cette première année du retour. Que j'étais impatiente de la voir passer… Elle n'en finissait pas. Je voulais arriver au jour où je ne dirais plus : il y a un an à cette heure-ci, nous allions chercher les bidons de soupe à la cuisine. Il y a un an à cette heure-ci, ce qu'il faisait froid. Il y a un an à cette heure-ci, nous étions au charbon. »

Ce décalage, une sorte de télescopage, je l'ai mieux compris le jour où j'ai vu un reportage sur Simone Veil lors de l'inauguration d'un hôpital où elle s'était rendue en tant que ministre de la Santé. On est en 1978. Alors qu'elle s'apprête à poser la première pierre, elle ne peut pas s'empêcher de faire remarquer que, grâce à la déportation, elle manie fort bien la truelle ! Subitement on est plongé dans l'enfer d'Auschwitz. Oui, cette même dame descendue de sa voiture officielle, pochette Dior sous le bras, attendue, admirée, applaudie, était l'ancienne déportée qui avait porté des rails, des sacs de ciment, vidé des wagons de billes de bois. À Auschwitz, un des *kommandos* où la jeune fille avait été affectée était chargé de construire un mur en brique pour un bâtiment de SS. Le ciment était lourd, les outils rudimentaires, pas de brouettes, mais des *trags* dans le vocabulaire du camp. C'étaient des caisses en bois avec des poignées qui, une fois pleines, pesaient parfois plus de cent cinquante kilos que l'on devait porter à deux, épreuve harassante sous la surveillance des SS. C'était tellement irréel qu'elle avait besoin de le dire à haute voix comme pour s'en convaincre elle-même.

Quel avenir ?

> « Dans les camps, à nos terribles dépens, nous avons pris des leçons d'humanité. »
>
> Geneviève de Gaulle et Germaine Tillion, *Dialogues*.

5, rue Las-Cases, au métro Solferino, à deux pas de l'Assemblée nationale, Denise pénètre dans les locaux de l'École des surintendantes d'usine et de services sociaux, logée dans le Musée social, fondé en 1895 par un mécène sensible à la question sociale. Jane Sivadon, la quarantaine, petite et blonde, fille de pasteur, attend Denise. Elles se connaissent depuis Ravensbrück. Là-bas, les prisonnières faisaient projet sur projet : « Quand nous serons libérées… » Directrice de cette école jusqu'à son arrestation et sa déportation, Jane en avait parlé longuement à Miarka. Le travail social, lui avait-elle expliqué, lui plairait.

L'inscription est vite réglée. Plusieurs lettres dites de « références morales » figurent dans le dossier de Denise dont celle de Georges Altman, ami de la famille Jacob et rédacteur en chef de *Franc-Tireur* : « Je la suis depuis assez longtemps et je me permets de vous confirmer les qualités et les capacités de Mlle Denise Jacob pour les études qu'elle veut entreprendre et pour la profession qu'elle veut embrasser. Mlle Jacob est bachelière et possède une excellente culture secondaire, s'est toujours intéressée au travail social, a donné toute satisfaction dans les différentes occupations dans les emplois bénévoles qui lui ont été confiés. Je puis à la fois témoigner de sa parfaite honorabilité, de l'intelligence et du soin qu'elle apporte dans tous les travaux dont on la charge. »

En théorie, ce sont des études qui devraient lui plaire. Mais, le jour de la rentrée des cours, elle manque à l'appel. Elle a quitté Paris pour voir ses amis de Lyon et a prolongé sa visite. Son oncle Robert lui envoie un télégramme pour qu'elle rentre sur-le-champ. Pas de place de train. Trois jours plus tard, elle se rend rue Las-Cases. L'accueil est glacial. À 21 ans, et compte tenu de l'endroit d'où elle revient, elle ne supporte pas d'être grondée comme une gamine. Être assise à côté de jeunes filles n'ayant rien vu du monde lui paraît étrange. Avait-elle mesuré son incapacité à se plier à une quelconque discipline ? On l'oblige à passer une visite médicale. Après tant de formalités, de tracasseries administratives, de démarches interminables, c'est la goutte d'eau qui fait déborder le vase. Denise est furieuse.

Tout va aller de mal en pis. Une partie des cours, des exercices pratiques, exige de se lever de son siège et d'attendre son tour en regardant les autres accomplir des gestes de secours sur des mannequins. Or comme le confirme le congrès de pathologie des déportés, la station debout est très pénible pour les déportés. Le deuxième jour, Denise se sent de plus en plus mal et prend une chaise sans demander l'autorisation à la monitrice qui s'en offusque. Au bord des larmes, Denise lui confie les raisons de sa fatigue. Le lendemain, à son arrivée, une chaise l'attend en plein milieu de la pièce et, sur un ton « comminatoire », elle est priée de s'y asseoir. Le sentiment d'être mise au ban, voire de perdre sa dignité face à ces jeunes filles resplendissantes de santé, l'envahit. Elle est revenue des camps avec un rejet viscéral de l'exclusion et de toute forme d'humiliation.

Sa situation est pénible. D'un côté, elle se refuse à jouer aux « anciennes combattantes » pour attendrir, obtenir une faveur, un laissez-passer, et, d'un autre côté, elle est amoindrie et fragilisée. Une remarque, un manque d'attention, une réflexion suffisent à la meurtrir.

Son bulletin de notes du premier trimestre montre qu'elle ne s'adapte pas. L'appréciation est sévère : « S'est absentée en dehors de ses vacances durant une semaine puis deux matinées au cours des deux autres semaines. Pourrait si elle le voulait faire une excellente travailleuse sociale – possède de réelles qualités professionnelles – esprit critique et peu soumis – s'est beaucoup relâchée au cours du troisième mois de stage. » Au total, elle semble dévouée, prévenante vis-à-vis des chefs de service et des malades, et se montre adroite dans les soins.

En mars, Denise se retrouve devant le conseil de discipline de l'école « pour mauvais esprit et indiscipline ». On demande son exclusion, mais « tenant compte de son glorieux passé et prenant acte de ses promesses d'être désormais une élève disciplinée, les poursuites sont abandonnées ».

Malgré ce démarrage pour le moins chaotique, Denise, énergique et volontaire, ne se décourage pas. Au contraire, elle s'accroche, suit les cours, ne manque aucun stage, sans pour autant se lier avec d'autres élèves, gardant ce sentiment d'être à part et, de son propre aveu, souffrant d'une « dépression passagère ».

Le reste de l'année, après ce court décrochage, se révèle nettement plus positif, elle enchaîne plusieurs stages dans un service de chirurgie, une maternité, un dispensaire, où chaque fois elle est bien notée : dévouée, zélée, compréhensive, bien sous tous rapports, etc. Ses professeurs sont d'accord. Mlle Jacob devrait être une excellente travailleuse sociale.

27, rue Saint-Guillaume

> « Les gens ne nous disaient rien. Ils regardaient. Ils parlaient entre eux du prix du beurre au marché noir. »
>
> Micheline Maurel, *Un camp très ordinaire.*

À Sciences Po, où Simone s'est inscrite, le directeur Jacques Chapsal a imaginé une « conférence balai » pour les étudiants qui avaient dû interrompre leur scolarité pour « faits de guerre ». Pêle-mêle s'y retrouvent des résistants, rentrés de Londres, des anciens déportés, raciaux ou politiques, des soldats démobilisés. Tous ont plus ou moins interrompu leurs études, ils comblent leur retard et rattrapent le temps perdu.

À part son avant-bras tatoué, Simone ne laisse rien paraître. Qui comprendrait ce qu'elle ressent en s'asseyant dans un amphithéâtre cinq mois après être revenue de l'enfer des bagnes nazis ? Visage crispé, elle affiche un sourire hermétique si on lui adresse la parole. La plupart du temps, elle se tient à l'écart, redoutant des questions absurdes. Il est rare qu'on la voie bavarder à la Péniche, le hall central de Sciences Po, ou au café Basile, au coin de la rue Saint-Guillaume et de la rue de Grenelle, où les étudiants s'attardent. C'est la chasse gardée de la bourgeoisie parisienne, et elle est consciente de ne pas appartenir à ce milieu. Ce sont des fils et des filles de bonne famille qui se connaissent, se reçoivent, partent en vacances ensemble, vont dans les mêmes soirées. De toute manière, elle préfère la bibliothèque, où elle avale les cours de finances publiques, de relations internationales ou d'économie sans fléchir. Ou bien elle rentre rue Jean-Baptiste-Dumas lire dans sa chambre. Elle prépare ses galops d'essai avec le maximum de soin, ne s'autorisant pas à échouer d'une quelconque manière. Deux appréciations révèlent sa forte personnalité et son caractère entier : « Intelligente mais trop silencieuse à la conférence » et « beaucoup de franchise dans l'exposé de ses idées personnelles » !

Par chance, la prend sous son aile Michel de Boissieu, engagé dans la Résistance, maître de conférences à Sciences Po, sensible à cette belle jeune fille, au regard si particulier, qui ne passe pas inaperçue. Quelque chose d'indéfinissable la démarque des autres étudiantes. Que son attention soit attirée par cette jeune fille à part ne tient pas du hasard.

Farouchement hostile à Vichy, résistant de la première heure, Michel de Boissieu a épousé une femme juive, Françoise Cahen, le jour de la promulgation du statut des Juifs, le 1er octobre 1940. Simone devient son assistante, des liens d'amitié se nouent. Le jeune professeur et son épouse l'invitent à dîner à leur domicile de Boulogne et lui redonnent confiance en elle. En 2000, j'interviewerai ce couple charmant grâce à Denise dans le cadre d'un livre que j'écris sur le thème de l'amour sous l'Occupation.

Grâce à la bienveillance de Françoise et de Michel qui lui prodiguent des conseils, Simone reprend peu à peu confiance en elle. La jeune fille qui épluchait des raves à Bergen-Belsen pour la soupe des SS se transforme en une jeune étudiante bûcheuse, résolue à décrocher son diplôme, et qui garde au fond d'elle, bien serrées, bien verrouillées, les images de l'humiliation. Est-ce que quelqu'un s'intéresse à son histoire ? Autant la garder pour soi.

Milou, la discrète

Une allure de grande fille toute simple, les cheveux frisés bruns, séparés par une raie au milieu et tirés en arrière, le visage allongé, les pommettes saillantes, un nez droit, un ovale parfait, comme ses sœurs, des lèvres bien dessinées, un front large, des yeux sombres et songeurs, Milou inspire la bonté et la douceur. Sa silhouette longiligne est identique à celle de leur mère à qui elle ressemble énormément. Nettement plus grande que Denise et Simone, elle les dépasse au moins d'une tête. Ses mains sont fines, son cou immense, ses épaules étroites. Elles ont toutes les trois, paraît-il, la même voix. Impossible de savoir laquelle des trois est la plus belle !

Chacune son style, Milou est la plus secrète, Denise, la plus ouverte, et Simone, la plus déterminée. Bien qu'elles aient reçu la même éducation, leur place dans la fratrie les distingue. Souvent les sentiments entre l'aînée, celle dite du milieu, et la benjamine sont complexes : rivalité, jalousie, envie, imitation, admiration, adoration. Les trois sœurs n'échappent pas à ces variations, d'autant que la disparition de leurs parents et de leur frère et les épreuves du camp ont bouleversé l'ordre familial et leur psyché. Là-bas, la cadette s'est révélée la plus dure des trois, ce qui les a sûrement sauvées. Denise, la sœur du milieu, vénère Milou et a envie de lui plaire. Sa petite sœur n'est plus l'enfant désobéissante qui n'en faisait qu'à sa tête. Le trio qu'elles forment a besoin de temps pour trouver un nouvel équilibre. D'un tempérament sauvage, Milou semble plus bohème que ses deux petites sœurs. À en croire Michel de Boissieu, Milou était capable de sauter un repas pour acheter un disque. Attirée par l'intelligentsia de gauche, elle a un côté Saint-Germain-des-Prés, curieuse du monde nouveau qui naît sur les décombres de l'ancien, pulvérisé par les camps d'extermination, la bombe d'Hiroshima, la guerre froide.

Comme la plupart des déportés, Milou a la tête pleine de rêves brisés et de cauchemars dont elle n'arrive pas à se débarrasser. Un des remèdes, c'est l'écriture. Pour chasser le spleen, le soir dans sa chambre elle jette sur le papier ses souvenirs du camp sans les montrer à quiconque. Elle éprouve le besoin de raconter l'horreur de l'arrivée à Auschwitz, la marche de la mort, la faim et la soif à Bergen-Belsen, la mort dans ses bras de sa mère qui n'avait cessé de les réconforter alors qu'elle était au plus mal. Il y a le fantôme de Jean, ce petit frère adoré. Et leur père, si fier de ses enfants, que penserait-il d'elles ? Plus délicat serait d'en parler avec Denise qui avait vécu une autre horreur. Comment aborder ces ombres douloureuses qui planent entre elles trois ? Liées par le malheur, chacune sait ce que l'autre ressent. Ce sont des silences qu'elles échangent. Mais qu'ils sont lourds, ces silences !

« Surtout pour celui qui a perdu sa famille, explique Primo Levi. Quand on perd sa famille et que l'on survit, il est difficile d'échapper à l'idée : "Ai-je fait vraiment tout ce que je pouvais pour les sauver ?" » Je connais beaucoup de personnes dans ce cas. J'ai un parent lointain qui a perdu sa mère, et qui a souffert longtemps et souffre encore maintenant, car il se demande encore aujourd'hui : « J'aurais peut-être pu me montrer plus astucieux, plus courageux, plus clairvoyant, plus prévoyant. » Terrible poids dont personne ne peut consoler Simone. Seules Fanny et Tauba, qui se souviennent d'Yvonne et de ses deux filles comme un seul et unique bloc, la comprennent. Simone était celle qui se battait. Parce qu'elle avait compris que se soutenir les unes les autres leur assurait de vivre encore un peu. En s'accrochant l'une à l'autre, elles se sauvaient. Elles trois, d'abord.

La convalescence de Milou a été longue, le typhus l'avait minée et, sans Simone, elle se serait laissée mourir tant elle était épuisée. Les rôles s'étaient inversés, la cadette avait protégé sa grande sœur. Maintenant qu'elle allait mieux, Milou avait repris son rôle de chef de famille.

Souvent, elle observe ses deux jeunes sœurs qu'elle

chérit. Bien que très fatiguée, elle a veillé d'emblée sur elles comme une mère. Denise, admirablement encadrée par ses camarades du camp et de la Résistance, lui semble aller mieux. Simone semble moins cafardeuse, accrochée à ses études et douée de cet instinct de vie qui les a sauvées à Bergen-Belsen. Quant à elle, déboussolée par sa longue convalescence qui l'a isolée du monde, elle se sent peu à peu revivre. Mais ce brusque passage de la misère à la paix a quelque chose d'incompréhensible. Rien n'est comme « avant ».

Par le pire des paradoxes, comme ses deux sœurs, à des degrés divers, Milou souffre de la nostalgie, non de l'horreur bien sûr, mais de la fraternité intense ou des marques d'entraide qui ont existé et qui contrastent avec l'insignifiance de sa vie de jeune femme. Comment se reconstruire ? Réussir à penser à nouveau ne va pas de soi quand on a été privé de tout. Pas un livre pendant treize mois, pas un mot écrit, rien. L'esprit anéanti par le dénuement, l'humiliation, la déchéance. Le néant.

Si elle met un point d'honneur à ne rien laisser paraître, intérieurement elle ne va pas encore très bien. Il lui faut livrer un combat singulier avec le destin. Elle n'est fixée sur rien. Ni sur la carrière qu'elle envisage ni sur la vie qu'elle entend mener. Comment se montrer forte ? Plus forte que les nazis. Comment retrouver quelque chose de soi-même ?

Quatre mois après sa libération, elle interroge Tauba, son amie du camp, avec qui elle reste liée. Sa lettre est comme un appel au secours : « As-tu décidé d'oublier le camp, ou bien y penses-tu souvent ? Pour ma part, j'y pense, et j'en parle très souvent, naturellement. Il fait partie de moi maintenant. Et puis il y a un certain nombre de choses qu'il faut empêcher les hommes d'oublier. »

Ne pas oublier, et penser à la vie qui l'attend, lui demande beaucoup d'efforts : « Te rappelles-tu la dernière nuit à Bobrek, nos discussions sans fin ? Tout cela a eu une fin, pensons maintenant à l'avenir », écrit-elle avec un entrain forcé. On la sent encore là-bas, moins résolue que ses sœurs à se battre pour se faire une place dans ce monde qui a continué à exister sans elle.

Sa jeunesse est derrière elle et, pourtant, le 13 mars 1946, elle fête ses 23 ans. Son passé est effacé, ses projets de jeune fille à Nice broyés, ses rêves évanouis.

Des trois, c'est elle qui a interrompu le plus longtemps ses études puisque, dès l'interdiction de travailler pour son père, à partir de la fin de l'année 1941, elle a cherché à rapporter de l'argent pour nourrir les siens. Elle doute d'elle-même, de ses capacités à reprendre des études, à penser tout simplement.

Quatre ans plus tard, Milou n'est pas sûre d'avoir récupéré ses forces, et elle ne s'imagine pas passer à nouveau des concours scientifiques, malgré les encouragements de sa tante Suzanne et de son oncle Robert dont le soutien est admirable.

Quel métier ? Elle entend parler de l'Institut national d'étude du travail et d'orientation professionnelle – l'Inetop, 41, rue Gay-Lussac. Grâce à des tests, les responsables essaient d'aider les élèves se destinant à l'apprentissage à bien s'orienter. On y forme aussi des conseillers d'orientation professionnelle et on y mène des travaux de recherche, ce qui va attirer Milou. La psychologie à peine naissante lui convient, puisque c'est une discipline à la fois scientifique et philosophique, proche de l'humanisme si cher à son père. Le modèle de sa mère ne la quitte pas. Au lycée Albert-Calmette, Mme Jacob était connue comme une femme chaleureuse et généreuse qui accueillait chez elle les élèves dans l'impossibilité de manger à la cantine. D'autres aimaient venir pour faire leurs devoirs. Les études avant tout, c'était son leitmotiv. Pour travailler plus tard.

Rester fidèle aux principes du scoutisme lui tient aussi à cœur. On n'efface pas dix ans d'engagement du jour au lendemain. Cheftaine aimée chez les scouts laïques, elle observait les enfants qu'elle a aidés à se développer harmonieusement par la vie au grand air, des feux de camp, des jeux de piste en forêt, leur inculquant le sens des responsabilités.

La psychologie de l'enfant l'attire. Malgré l'interruption de ses études en 1941, elle a le courage de retourner sur les bancs de la faculté. Est-ce le modèle de sa mère ? Les encouragements de Suzanne ? L'envie de comprendre l'âme humaine ? Toujours est-il qu'elle s'inscrit à l'Institut national d'orientation professionnelle, dirigé par Henri Piéron, professeur de psychologie au Collège de France, assisté d'Henri Laugier, professeur de physiologie.

Au lendemain de la guerre, l'enseignement de la psychologie en est à ses balbutiements. L'entourage de Milou est étonné. On ne comprend pas cet engouement bizarre.

Florence, la fille cadette de Jacques et Anne-Marie Heilbronn, qui avait 8 ans à l'époque, se souvient d'une discussion autour des tests dont Milou expliquait l'intérêt. Puisque Florence était mauvaise élève, cela tombait bien, avait-on pensé. Que diraient ces tests dont Milou parlait et qui semblaient si mystérieux ? Aujourd'hui, Florence rend grâce à Milou d'avoir été la première à dire à ses parents : « Cette petite est intelligente ! »

La psychologie pour Milou, le travail social pour Denise, le droit pour Simone. Trois choix, trois tempéraments. L'aînée est la plus réfléchie, la deuxième la plus sensible aux autres, et la cadette rêve de justice. Trois étudiantes presque comme les autres.

Le coup de foudre

La légende veut que Simone et Antoine se rencontrent aux sports d'hiver. En février 1946, Michel Goldet, condisciple de Simone à Sciences Po et, par ailleurs, neveu de Jacques Heilbronn, propose à Simone de l'accompagner skier au col de Porte dans le massif de la Chartreuse. C'est un garçon sympathique, jeune engagé dans les Forces françaises libres, qui avec Claude Pierre-Brossolette, fils du héros de la Résistance, et Jean François-Poncet, fils de l'ancien ambassadeur à Berlin, constituent le cercle d'amis de la jeune fille et comprennent à demi-mot d'où elle revient.

C'est décidé. Simone se joint à cette joyeuse bande de copains. Pas si évident pour elle. D'abord parce que la dernière fois où elle est allée skier, c'était avant guerre, les six Jacob étaient au grand complet, à La Foux d'Allos, avec leurs amis, les Lippmann. Ensuite, voyager avec des jeunes gens de son âge l'intimide. Il lui faut réussir à oublier qu'un an plus tôt elle travaillait dans les cuisines de Bergen-Belsen et s'efforcer de se comporter comme si elle n'était pas revenue de l'enfer.

On imagine son ivresse, respirant cet air vif des Alpes, en haut des pentes neigeuses. L'atmosphère paisible et fraternelle qui émane de ces jeunes gens lui fait du bien. À plusieurs reprises, alors qu'elle est assise au coin du feu, les regardant, elle chasse les images du camp qui se superposent sans cesse.

« *Love at first sight* », disent les Anglais. Lors de ce séjour à la montagne, Simone tombe amoureuse d'un jeune homme qu'elle remarque. Grand, mince, coquet, une allure distinguée, des yeux bleus pétillants d'intelligence, un grand front dégagé, des cheveux coiffés en arrière, Antoine Veil est séduisant, c'est sûr. Et Simone lui plaît. Il est tout de suite impressionné par sa beauté, son visage empreint de gravité, par sa manière de se tenir en retrait – il devine à son regard qu'elle a souffert –, admire la vivacité de son esprit, son goût pour la lecture. Antoine et Simone sentent d'emblée qu'ils sont faits l'un pour l'autre. C'est une évidence.

Son parcours est classique. Né le 28 août 1926 à Blâmont (Meurthe-et-Moselle), c'est lui aussi un provincial qui habite chez sa grand-mère rue Danton, près du boulevard Saint-Germain. Au début de l'année scolaire, il porte encore l'uniforme kaki de la 1re armée de Libération. Engagé volontaire le 5 octobre 1944 pour un an, il attend sa démobilisation pour l'enlever. Il rentre à peine d'Allemagne, a traversé un pays en ruine jusqu'à Munich et découvert le camp de Dachau, moins d'un mois après sa libération, au printemps 1945.

Tant de points communs entre eux deux a de quoi surprendre ! Tous les deux sont nés, avec un an d'écart, dans une famille de la moyenne bourgeoisie juive, assimilée, éclairée, patriote, qui compte dans ses rangs des polytechniciens et des professeurs, des serviteurs de l'État. Le père d'Antoine, comme celui de Simone, est un ancien combattant de la Grande Guerre, un sous-lieutenant de l'artillerie, farouchement « antiboche ». Sa mère, Alice, née Bechmann, a vu le jour à Blâmont, près de Lunéville, à quatre kilomètres de la frontière franco-allemande, siège de l'usine textile de coton que dirige son mari. Elle a élevé quatre enfants, un garçon et trois filles, une famille nombreuse comme les Jacob, ce qui les rapproche aussi.

La guerre ne les épargne pas non plus, même si les conséquences sont moins tragiques que pour les Jacob. Craignant l'arrivée des Allemands, les Veil quittent Nancy et leur maison du 85, boulevard Jean-Jaurès, pour s'établir en zone non occupée à Grenoble, où Antoine est inscrit au lycée Champollion. Élève brillant, il réussit ses examens. À l'automne 1943, Antoine réussit à passer en Suisse où sa sœur Jeanine suit des cours de théologie protestante à Genève. Marie-Hélène, surnommée Mylaine, sœur aînée d'Antoine, et ses parents choisissent de rester à Grenoble. Grâce au consul général du Salvador à Genève, qui participe au sauvetage de nombreux Juifs, la jeune fille se trouve en possession d'un visa d'immigration qui en principe la met à l'abri. En principe seulement... Les Allemands ont remplacé les Italiens et sèment la terreur. Le 16 février 1944, quand les Allemands frappent à la porte de la maison occupée par les Veil, les parents sont absents. Mylaine est seule avec sa petite sœur, Lise, dite Lison. Avec un sang-froid extraordinaire, Mylaine ordonne à sa petite sœur de s'échapper par l'arrière de la maison. Mylaine est arrêtée, transférée directement à Drancy et déportée le 7 mars 1944 à Auschwitz par le convoi 69, deux convois avant celui des sœurs Jacob. D'Auschwitz, elle est envoyée à Bergen-Belsen puis au camp de Terezin en Tchécoslovaquie d'où elle sera rapatriée le 28 mai au Lutetia. Ses parents et sa petite sœur quitteront Grenoble peu après son arrestation et se réfugieront en Suisse.

Immédiatement, Simone éprouve de l'affection pour cette famille qui lui rappelle celle qu'elle a perdue. Il y règne une atmosphère austère, mais harmonieuse et chaleureuse. On vit tranquillement, sans faste ni tapage. On baigne dans la musique, ce qui la charme. Antoine, lui-même mélomane, est bon pianiste. Simone est bien accueillie, son beau-père, paraît-il, lui demande souvent son avis. Par la force des choses, Simone se sent proche de Mylaine. Souvent, il lui arrive de rechercher sa compagnie, alors que le reste de la famille semble gêné de les entendre évoquer leurs souvenirs des camps. On leur coupe la parole, on change de sujet de conversation, on détourne l'attention. Comme dans de nombreuses familles juives, on s'interdit de parler de l'horreur des camps, pour regarder vers l'avenir. Elles en sont profondément blessées. Même pour ceux qui les aiment, les entendre raconter ces choses effroyables est insupportable.

Étudiant sérieux, acharné au travail, Antoine Veil ne manque, « malgré son jeune âge, ni de jugement ni de pondération. Il est de ceux, il est vrai, qui ont acquis prématurément une expérience douloureuse des hommes, entre 1940 et 1945 », d'après l'enquête effectuée lors de sa candidature à l'ENA. Pour Simone, c'est un compagnon, rassurant, bienveillant, auprès duquel elle trouve une sorte de sécurité intérieure. Lui est tombé amoureux de cette belle jeune fille dont « le regard qui portait la vulnérabilité des déportés » le bouleverse. Elle n'a pas été facile à apprivoiser, il y est parvenu.

Les deux amoureux ne perdent pas de temps. Huit mois après leur rencontre, ils veulent se marier. Simone est mineure, et il lui faut l'autorisation de sa tante Suzanne pour passer devant le maire.

C'est allé très vite, comme le reconnaîtra Simone, plus vite que prévu. Le 26 octobre 1946, le mariage civil a lieu à la mairie du XVIIe arrondissement, dans le quartier des Batignolles, lieu de résidence de Simone qui vit toujours chez sa tante Suzanne.

Pas de mariage à la synagogue. Pourtant ils sont juifs tous les deux. Une cérémonie civile. Mais dans les règles. Simone porte une robe longue, sans fioritures, sorte de fourreau simple, évasé dans le bas, avec un très léger décolleté arrondi. Pas de voile. Pas de bijou, juste une alliance. Lui, debout, sourire timide, en costume de ville, pochette de soie blanche, lui tient la main. Le cliché, on ne peut plus traditionnel, est pris devant d'immenses bouquets de fleurs, style décor de studio de photographe. Ils semblent radieux. La réception a lieu dans le petit jardin de l'hôtel particulier des Weismann. Le rationnement empêche d'offrir un festin. À y penser, on imagine la gaieté un peu laborieuse des convives. Comment ne pas songer aux absents ? Se marier sans ses parents à ses côtés, n'est-ce pas douloureux ?

D'une certaine manière, elle a obéi à son père en épousant un Juif. Adolescente, elle se souvient de l'avoir interrogé. Sa réponse l'avait étonnée, lui qui était si profondément laïc. Pour sa part, lui avait-il dit, jamais il n'aurait épousé une femme non juive, « à moins que ce ne soit une aristocrate ». Dans son esprit, les Juifs et les aristocrates sont les seuls à savoir lire depuis des siècles, et c'était ce qui lui importait.

C'est la cadette qui se marie la première. Ses sœurs en ont-elles conçu un peu de jalousie ? Ou le bonheur qui se lit sur le visage de leur petite sœur efface-t-il tout ? Il faut avouer qu'Antoine et Simone donnent l'image radieuse d'un jeune couple parfaitement assorti. Communion de pensée, communion d'esprit.

Jean, leur premier fils, naît le 26 novembre 1947. Il porte le prénom du frère disparu de Simone. Treize mois plus tard, Jean a un petit frère, Claude-Nicolas, né le 4 janvier 1949, et voilà Simone mère de deux enfants, alors qu'elle finit à peine sa licence en droit et son diplôme de sciences politiques. De la rue de

Laborde, dans le quartier de l'Europe où ils habitent d'abord, les Veil emménagent 53, rue Dareau, près du parc Montsouris où les enfants peuvent aller jouer. C'est un immeuble récent qui fait le coin de l'avenue du Parc-de-Montsouris (aujourd'hui avenue René-Coty), à dix minutes de la place Denfert-Rochereau, qui a l'avantage de se trouver à quelques stations de métro de Sciences Po, du Sénat, de l'Assemblée nationale et des ministères.

Voilà Simone dans un rôle neuf, qui n'est pas pour lui déplaire, celui de mère de famille. Est-ce le bonheur ? Cela y ressemble.

Yvonne Jacob, née Steinmetz, est une très belle femme aux cheveux auburn et au port de tête gracieux. Elle qui a renoncé à ses études de chimie pour élever ses quatre enfants n'aura de cesse d'encourager ses filles à conquérir leur indépendance en exerçant un métier.

Source : Mémorial de la Shoah/coll. Simone Veil Jacob.

Été 1934. Jours heureux à La Ciotat. Dans le jardin de la maison familiale, debout Simone ; sur le tronc d'arbre (de gauche à droite) une petite fille non identifiée, Jean, Milou avec un livre ; assis par terre, un autre enfant non identifié face à Denise.

Source : Mémorial de la Shoah/ coll. Simone Veil Jacob.

De gauche à droite, Madeleine dite Milou (née en 1923), Denise (née en 1924), Jean (né en 1925) et Simone (née en 1927), la petite dernière.

Source : Mémorial de la Shoah/ coll. Simone Veil Jacob.

Promenade des Anglais à Nice. André photographie son épouse avec Jean sur les genoux. Les deux aînées, Milou à droite, longs cheveux bruns et frisés, Denise, cheveux courts, blonds et lisses comme son frère Jean, portent la même robe et un gilet confectionnés par Yvonne. Simone semble bouder parce qu'elle n'est pas sur les genoux de sa mère.

Source : Mémorial de la Shoah/coll. Simone Veil Jacob.

André Jacob (né le 31 janvier 1891), architecte talentueux, Juif farouchement laïc et républicain, est un ancien combattant de la Grande Guerre qui transmet à ses enfants l'amour de la patrie.

Source : Mémorial de la Shoah/ coll. Simone Veil Jacob.

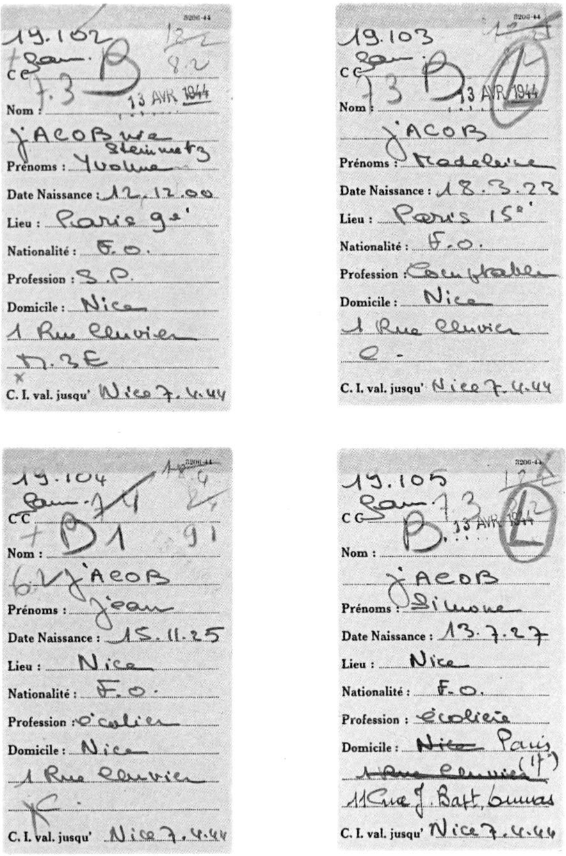

19.102
CC
Nom : JACOB née Steinmetz
Prénoms : Yvonne
Date Naissance : 12.12.00
Lieu : Paris 9e
Nationalité : F.O.
Profession : S.P.
Domicile : Nice
1 Rue Cluvier
N.3E
C. I. val. jusqu' Nice 7.4.44

19.103
CC
Nom : JACOB
Prénoms : Madeleine
Date Naissance : 18.3.23
Lieu : Paris 15e
Nationalité : F.O.
Profession : Comptable
Domicile : Nice
1 Rue Cluvier
C.
C. I. val. jusqu' Nice 7.4.44

19.104
CC
Nom : JACOB
Prénoms : Jean
Date Naissance : 15.11.25
Lieu : Nice
Nationalité : F.O.
Profession : écolier
Domicile : Nice
1 Rue Cluvier
C. I. val. jusqu' Nice 7.4.44

19.105
CC
Nom : JACOB
Prénoms : Simone
Date Naissance : 13.7.27
Lieu : Nice
Nationalité : F.O.
Profession : écolière
Domicile : ~~Nice~~ Paris (17e)
~~1 Rue Cluvier~~
11 rue J. Bart, …
C. I. val. jusqu' Nice 7.4.44

Arrêtés à Nice le 30 mars 1944, Yvonne, Milou, Jean et Simone sont transférés au camp de Drancy, dans la banlieue de Paris, où ils sont enregistrés le 7 avril 1944.
Le 13 avril 1944, Yvonne et ses deux filles montent dans des wagons à bestiaux à la gare de Bobigny. Destination Auschwitz.
Après l'évacuation du camp par les nazis, elles survivent à la marche de la mort, qui les mène à Bergen-Belsen, où Yvonne meurt du typhus, en mars 1945.
Depuis Drancy, également, André et son fils Jean sont déportés vers les Pays baltes, d'où ils ne reviendront ni l'un ni l'autre.

Printemps 1945. Denise a été agent de liaison pour le mouvement Franc-Tireur et arrêtée et torturée par la Gestapo à Lyon. De retour de Ravensbrück, où elle a été déportée le 26 juillet 1944, elle assiste à la cérémonie donnée par le général de Gaulle en l'honneur des déportés résistants à l'hôtel de Brienne, rue Saint-Dominique, siège du gouvernement provisoire.
© AFP.

Rapatriée de Bergen-Belsen le 17 mai 1945, alors que le camp a été libéré le 15 avril, Simone est examinée à la gare de Valenciennes. Elle a contracté le typhus, et son état de santé général est jugé mauvais. La benjamine des Jacob donne l'adresse de sa tante, Suzanne Weismann, la sœur de sa mère, qui héberge à leur retour ses trois nièces orphelines.
© SHD/Archives des victimes des conflits contemporains.

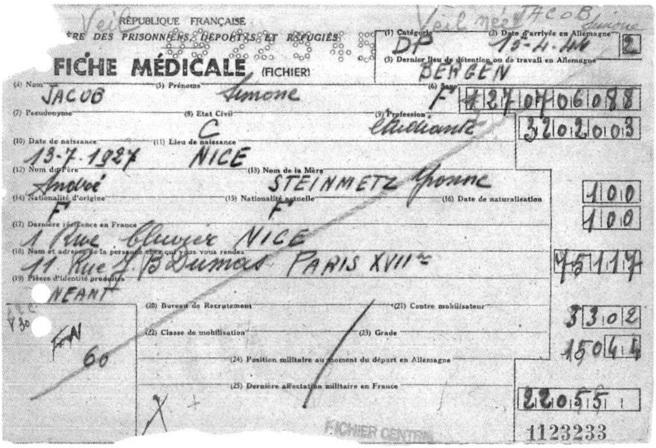

RÉPUBLIQUE FRANÇAISE
…RE DES PRISONNIERS, DÉPORTÉS ET RÉFUGIÉS

FICHE MÉDICALE (FICHIER)

(1) Catégorie DP
(2) Date d'arrivée en Allemagne 15-4-44
(3) Dernier lieu de détention ou de travail en Allemagne BERGEN
(4) Nom JACOB
(5) Prénoms Simone
(6) Sexe F
(7) Pseudonyme
(8) Etat Civil C
(9) Profession étudiante
(10) Date de naissance 13-7-1927
(11) Lieu de naissance NICE
(12) Nom du Père André
(13) Nom de la Mère STEINMETZ Yvonne
(14) Nationalité d'origine F
(15) Nationalité actuelle F
(16) Date de naturalisation
(17) Dernière résidence en France 1 Rue Cluvier NICE
(18) Nom et adresse de la personne chez qui vous vous rendez 11 Rue J. B Dumas PARIS XVIIe
(19) Pièces d'identité produites NEANT
(20) Bureau de Recrutement
(21) Centre mobilisateur
(22) Classe de mobilisation
(23) Grade
(24) Position militaire au moment du départ en Allemagne
(25) Dernière affectation militaire en France

FICHIER CENTRAL

1123233

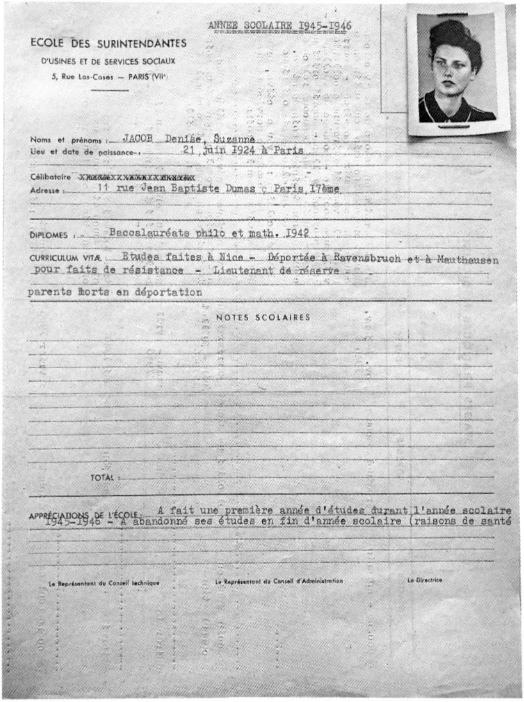

ANNEE SCOLAIRE 1945-1946

ECOLE DES SURINTENDANTES
D'USINES ET DE SERVICES SOCIAUX
5, Rue Las-Cases — PARIS (VII°)

Noms et prénoms : JACOB Denise, Suzanne
Lieu et date de naissance : 21 juin 1924 à Paris
Célibataire ~~XXXXXXXXXXXXXXXXXXXXX~~
Adresse : 11 rue Jean Baptiste Dumas c Paris 17ème

DIPLOMES : Baccalauréats philo et math. 1942

CURRICULUM VITÆ : Etudes faites à Nice - Déportée à Ravensbruch et à Mauthausen pour faits de résistance - Lieutenant de réserve
parents morts en déportation

NOTES SCOLAIRES

TOTAL :

APPRÉCIATIONS DE L'ÉCOLE : A fait une première année d'études durant l'année scolaire 1945-1946 - A abandonné ses études en fin d'année scolaire (raisons de santé

Le Représentant du Conseil technique — Le Représentant du Conseil d'Administration — La Directrice

En septembre 1945, Denise s'est inscrite à l'École des surintendantes d'usine, mais elle ne s'y plaît pas. Elle part à Londres, où elle rencontre son futur mari, Alain Vernay (1918-2015), pionnier du journalisme économique et créateur des fameuses « pages saumon » du *Figaro*.

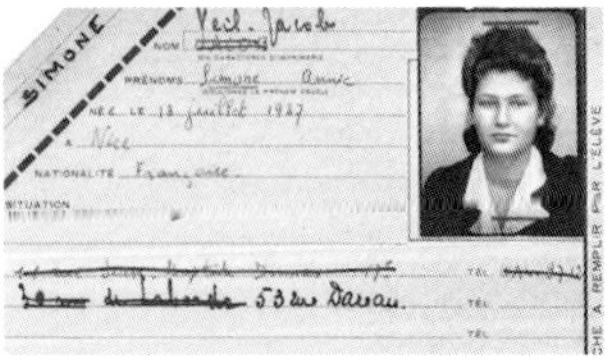

SIMONE
NOM Veil - Jacob
PRÉNOMS Simone Annie
NÉE LE 13 juillet 1927
À Nice
NATIONALITÉ Française
SITUATION
53 rue Daru
TÉL.
TÉL.
TÉL.

Dans les couloirs de Sciences Po, où elle s'est inscrite en octobre 1945, le chemin de Simone croise celui de son futur époux, Antoine Veil, promis à une brillante carrière d'inspecteur des finances.

4 juillet 1946. Denise sur le balcon de l'appartement de la famille Heilbronn qui a aidé les trois sœurs Jacob à leur retour de déportation. Dans la clandestinité, Denise se faisait appeler « Miarka », son totem chez les Éclaireuses. Ses camarades de la Résistance et de déportation continueront à l'appeler ainsi jusqu'à la fin de sa vie.

16 octobre 2007.
Lycée du Parc-Impérial à Nice. Denise Vernay et Simone Veil assistent côte à côte à la cérémonie du dévoilement de la plaque commémorative portant le nom des onze lycéens – dont leur frère Jean – arrêtés et morts en déportation.

Déportée raciale

> « À peine commencions-nous à raconter que nous suffoquions. »
>
> Robert Antelme, *L'Espèce humaine.*

Pour qui fait alors la connaissance de Simone, elle semble une étudiante de Sciences Po classique, studieuse et assidue, qui, via son mari, fréquente la bonne société parisienne. Pourtant elle avoue : « Antoine aimait sortir, il était à l'aise dans les salons. Moi, j'étais gauche, pas à ma place. Mal habillée. Pas coiffée. Pas comme il faut. Ne disant pas ce qu'il faut. » Elle se souvient d'avoir été invitée avec Antoine par un de ses camarades de conférence de Sciences Po, boulevard Suchet, et de s'être cachée dans les rideaux. Il lui manque l'assurance des gens à qui il n'est rien arrivé. À qui rien n'a été retiré. Mais Simone exagère, les bonnes manières, elle les connaît, les convenances aussi. Le fossé qu'elle ressent vient plutôt de la terrible épreuve qu'elle a subie. Ce désir frénétique de parler du camp l'oppresse, alors que les conversations portent sur la pénurie des vivres, le départ de De Gaulle, des premiers craquements de l'empire colonial ou de la crise du logement. Elle préfère masquer sa déception de ne susciter aucun intérêt et se réfugier dans le silence, plutôt que de ne pas être écoutée.

À cette époque de sa vie, Simone, tout juste 20 ans, devrait être heureuse de manger à sa faim, d'étudier, d'aimer et d'être aimée, mais il y a derrière elle la foule des morts et des mortes restée au camp qui demande aux vivants de penser à elle. Le camp garde une réalité plus intense que celle qu'elle vit. Une réalité qu'elle cherche à penser, à définir et à décrire avec le maximum de rigueur. Elle entame un travail scientifique qui entend montrer d'où viennent les femmes qui ont été déportées comme elle à Auschwitz. En public, dans une langue froide, laissant de côté toute émotion, elle présente son exposé. En mars 1947, on l'invite dans le cadre d'un colloque qui se tient à l'Assemblée nationale. Enregistré par la Radiodiffusion française, il sera diffusé dans le cadre de l'émission « Réponses à tout » – « Le racisme » – pour « tenter de corriger les effets de la propagande nazie ». Plusieurs experts de l'époque, dont des anthropologues, y discourent de l'idée de races humaines différentes et s'élèvent notamment contre l'existence d'une « race juive ».

« La parole est donnée à Mme Veil qui va nous parler de son expérience de déportée raciale. » D'une voix mal assurée, hésitante, bafouillant par moments, la jeune étudiante de deuxième année de Sciences Po se lance : « Je voudrais seulement apporter ici le témoignage de ce que j'ai pu observer en Allemagne au sujet de la race juive. » Ce qui frappe d'emblée, c'est le ton. Aucune accusation. Aucune haine. Aucune violence. Tout est contenu. Son vocabulaire, sa manière de s'exprimer en disent long sur l'effort qu'elle doit fournir pour s'exprimer et trahissent les idées reçues et les préjugés de l'époque.

Expliquant qu'elle a été « en contact avec des israélites déportées de tous les pays, de Grèce, de Belgique, de France, de Hollande, de Tchécoslovaquie, de Pologne », elle poursuit : « D'après la théorie de la race allemande, ces gens auraient dû tous avoir un type commun. Or, j'ai remarqué très souvent que, quand je voyais une Grecque que je reconnaissais à son langage, je pouvais aussi la reconnaître à son type, elles étaient en général brunes et avaient des yeux noisette. De même les Hollandaises au lieu d'avoir un type sémite comme elles auraient dû avoir avaient en général des cheveux blonds et des yeux bleus, assez fortes et grandes. Les Hongroises avaient par contre des pommettes saillantes et les yeux tirés en longueur. »

Soudain, on entend un silence de quelques secondes. Est-ce qu'elle s'est perdue dans ses notes ? Est-elle interrompue ? Émue ? Mais elle reprend : « Tous ces gens se regroupaient non pas d'après leur race, mais par nationalité. Quand ils [*sic*] étaient mélangés avec des Aryens, les Grecques juives se regroupaient avec les Grecques, les Françaises juives avec les Françaises aryennes, elles ne se regroupaient pas entre Grecques et Françaises, elles ne se regroupaient pas entre Grecques et Françaises juives et Grecques et Françaises aryennes. »

Puis, à nouveau après une courte pause, comme si elle reprenait son souffle, l'étudiante dresse le portrait des Polonaises qu'elle classe dans une catégorie à part : « Seules les Polonaises faisaient exception à cette règle. En effet, elles ont en général un type très différent des Aryennes, elles parlent mal le polonais, elles ont un type sémite très prononcé, selon ce qu'on dit être un type sémite prononcé [on entend sa réticence à employer cette formule]. Je crois que cela tient au fait qu'elles ont vécu dans des ghettos et ont été repoussées de la communauté polonaise. De même, elles ont été haïes des autres Polonaises et ont un sentiment religieux très fort. »

Puis elle évoque le cas des Françaises et du « souvenir en général qu'elles ont gardé du camp » : « Elles se sentent très différentes des autres israélites, elles se sentent françaises avant tout, et elles n'ont pas voulu aller en Palestine comme les autres Françaises [*sic*], elles ont voulu rentrer en France. » Sa communication s'arrête si brutalement que le président de séance lui demande si elle veut ajouter quelque chose. Pas de conclusion, ni de formule de remerciements. On la sent mal à l'aise avec ses propres propos, comme en porte-à-faux. Les mots qui sortent de sa bouche ne lui ressemblent pas et ne traduisent pas ses souvenirs. Brutalement, elle s'est heurtée à la difficulté de dire ce qu'elle a vécu. Est-ce qu'ils comprennent qu'elle revient d'un autre monde ?

Leçon des ténèbres

Denise ne reste pas en place. Dès qu'elle l'a pu, elle a quitté la rue Jean-Baptiste-Dumas pour une chambre, boulevard Haussmann, que Jacques et Anne-Marie Heilbronn lui ont louée. N'était-elle pas bien chez sa tante avec ses sœurs ? Regarder Milou qui bûche ? Et Simone passer ses journées à Sciences Po ! Comment faire comprendre qu'elle a envie de sortir, de ne plus recevoir d'ordre ou de subir la moindre contrainte ? Elle a du vague à l'âme. Dans ses premiers écrits, la jeune fille ne cache pas qu'un an après son retour elle connaît une sorte de dépression. L'euphorie de la libération a été éphémère. Trop de pertes, trop de désillusions, trop d'épreuves, plus l'envie de vivre, ses forces l'ont abandonnée. Mais elle donne le change, dissimulant son cafard et faisant semblant d'être rétablie.

Elle n'est plus la jeune fille naïve, et ignorante de ce qui l'attendait, qui s'est engagée dans la Résistance à 19 ans, Denise en convient, elle était une jeune fille protégée qui ne savait rien en dehors de ce qu'elle avait appris au lycée et chez les scouts. Elle n'était pas préparée à affronter le pire. Risible, mais compréhensible après coup de penser à la réaction de sa cheftaine quand elle lui avait fait part de son désir de s'engager dans la Résistance. Ébranlée, Denise avait écrit à son père : « Tu sais, ma cheftaine s'inquiète de me savoir lancée dans la vie comme cela, en n'ayant jamais quitté ma famille, n'ayant pas eu de rapport avec un milieu strictement masculin et ne connaissant personne, elle désapprouve mon choix. » Ce à quoi son père lui avait répondu : « Je te fais confiance, envoie promener ton amie. »

Si elle ignorait qu'on déportait, elle savait qu'elle courait le risque d'être arrêtée et torturée : « J'avais des idées romantiques sur le sujet, celle des *Trois Lanciers du Bengale*, où il y avait un supplice chinois où on mettait des allumettes enflammées sous les ongles. Je me demandais : si on me chatouille, est-ce que j'y résisterai ? »

Les seuls moments où elle se sent bien, c'est en compagnie de ses camarades qui ont fait le même choix qu'elle. Les périls partagés, les souffrances endurées, les mêmes convictions créent des liens indissolubles que souvent seule la mort peut trancher. Avec cela en tête, tout le reste lui semble falot.

À l'été 1946, Paris s'est vidé de ses habitants. Il y règne une chaleur écrasante, et ce sont les premières vacances de l'après-guerre. Au cinéma, on découvre *Citizen Kane* d'Orson Welles, on lit *J'irai cracher sur vos tombes* de Boris Vian, et on écoute *La Mer* de

Charles Trenet. La guerre s'éloigne, on veut penser à autre chose. Mais Denise n'y parvient pas. Quoi qu'il arrive, écrit son amie Violette, elles sont « les femmes des camps de concentration mûries trop tôt au spectacle de la déchéance humaine dans le renversement des valeurs spirituelles » ; « nos souvenirs sont maîtres de nous, et nous n'y pouvons rien », ajoute-t-elle. Pour rompre son isolement, elle marche dans les rues de Paris. Ses pas la conduisent souvent au siège du journal *Franc-Tireur.* Le 21 juin, elle a fêté ses 22 ans. Elle peut être fière. En janvier 1946, elle a été décorée de la médaille de la Résistance avec rosette. Dans son dossier, on lit les motifs de la proposition : « A assuré des services dans les domaines de la résistance, secrétariat de liaison, transport d'armes et de postes émetteurs, et cela avec le plus absolu mépris du danger. A rempli toutes les missions les plus dangereuses avec une bonne humeur et un sang-froid dignes d'un soldat. Au cours d'une de ses missions, a été prise par la Gestapo et déportée à Ravensbrück et Mauthausen. Cette jeune fille exemplaire est par miracle revenue d'Allemagne. Elle fut d'un héroïsme digne du plus grand respect. »

100, rue Réaumur, dans les anciens locaux du *Pariser Zeitung*, chassé par la libération de Paris, c'est l'ébullition. Le mouvement de résistance Franc-Tireur, auquel Denise a appartenu à Lyon, a installé la rédaction de son journal né dans la clandestinité. Après quatre ans de censure et de propagande, les Français sont avides d'information ; trois cent mille exemplaires sont en vente dans les kiosques tous les jours. Pour deux francs, une seule grande feuille de papier recto verso, parfois deux ou plus, avec pour sous-titre : « À l'avant-garde de la République ».

Denise découvre avec un an de retard la fameuse photographie du général de Gaulle avec, au deuxième rang, la haute silhouette de Jean-Pierre Lévy, 34 ans, le chef de Franc-Tireur, le mouvement pour lequel elle s'est battue. Juif alsacien, il est de ceux, comme Denise, pour qui l'amour de la France et de la République a imposé le combat contre l'occupant. Sa joie, c'est de retrouver à la tête du journal Élie Péju, responsable du mouvement Franc-Tireur à Lyon. C'est dans l'arrière-boutique de son entreprise Le Déménagement moderne, 109, avenue de Saxe, qu'elle venait chercher des bulletins à distribuer ou des messages à porter. C'était alors un journal imprimé sur du mauvais papier à quelques centaines, puis quelques milliers d'exemplaires qui passaient de main en main.

Dans ce grand immeuble de la rue Réaumur, près des Grands Boulevards, elle s'engouffre dans le hall d'entrée où on croise Pierre Lazareff, patron de *France-Soir*, et Albert Camus, éditorialiste prestigieux de *Combat*. Au dernier étage, les bureaux poussiéreux de *Franc-Tireur* où le crépitement des machines à écrire, le brouhaha des conversations, les sonneries de téléphone, les allées et venues des coursiers donnent le tournis. Comme beaucoup de jeunes issus de la Résistance, Denise est attirée par l'idée de poursuivre l'action et de construire un nouveau pays au nom de la Résistance et de ses morts.

Manchettes énormes, gros titres, éditions spéciales inondées de photos, le journal donne des nouvelles des prisonniers. Denise y lit le nom des « vaillants camarades de lutte qui ne reviendront pas ». On raconte le martyre des combattants arrêtés parce qu'ils ont voulu libérer la France du joug ennemi. Il est peu question des camps d'extermination. L'envoyé spécial de *Franc-Tireur* à Buchenwald décrit « le camp de la mort lente, où il a vu des hommes qui pèsent vingt-cinq kilos, des milliers d'internés, malades du typhus, qui attendent d'être rapatriés ». Plusieurs déportés résistants témoignent dans les colonnes des journaux. Pourquoi pas elle ? On la sollicite. Elle hésite. Quelque chose en elle se bloque chaque fois qu'elle essaie de se souvenir. Raconter le camp lui est pénible. Elle a essayé, s'empressant de noter ses impressions au fur et à mesure qu'elles lui revenaient comme des flashs. À un moment donné, elle caresse même l'espoir d'écrire un livre. Mais elle n'arrive pas à aller au-delà de quelques feuillets de notes éparses rangées dans son tiroir. Il faut qu'elle se force. De son propre aveu, évoquer cette période lui est désagréable au point d'en avoir « les mains moites ». Écrire ou en parler, c'est probablement chaque fois réveiller des souvenirs d'épouvante. Et c'est aussi être déçue par les mots qui ne traduisent pas le spectacle de l'asservissement. Deux ans après, il lui semble faire preuve d'impudeur à raconter, dans les colonnes d'un journal, ce qu'elle a subi. Est-ce utile ? Est-ce que cela va intéresser ? Ce qui lui importe, c'est qu'on sache, pas que l'on s'apitoie sur son sort.

Tout récit lui semble infidèle. Parler du froid, des travaux de force à l'extérieur douze heures de suite lui est quasiment impossible maintenant qu'elle est bien couverte et au chaud dans son appartement. Raconter ces heures de souffrance dans les locaux de la Gestapo et des dix mois de déportation lui est pénible, et d'ailleurs « sa voix change ». Si personne ne le remarque, « en tout cas, elle la sent autre, comme "blanche" ».

C'est aussi une personne fondamentalement modeste, et se mettre en avant lui déplaît. Mais sous la pression de ses amis et leurs encouragements, elle se fait violence et donne le récit de son arrestation publié dans le numéro du 22 août 1946 sous le titre « Dans les mains de la police allemande ».

Avec des mots justes et sobres, Denise décrit avec une simplicité glaçante et une véritable force d'évocation le supplice de la baignoire qu'elle a enduré.

Bien qu'il lui en coûte, Denise s'efforce d'honorer sa promesse, celle de ne pas perdre la mémoire de ses camarades qui l'ont aidée à ne pas désespérer. En décembre 1946, elle donne un deuxième article, cette fois-ci aux *Dépêches parisiennes*, où elle décrit le capharnaüm de Mauthausen : « deux mille femmes parquées, entassées les unes sur les autres, portant des loques dans une sorte de grand hall au sol plein de terre et de poussière ».

Jamais elle ne se débarrassera de ce qui lui a semblé

le plus insupportable ; l'obligation permanente « de raisonner froidement pour savoir si on partage ou non une ration, choisir à qui on donne un morceau de pain, ou pire, on n'est pas des saintes, garder pour soi un bout de pain est cruel. Si on a deux bras, on aide deux personnes qu'on choisit, on ne peut pas en aider cinq, ou même trois ».

Aider ses camarades allait de soi pour une scoute aguerrie comme elle. Au camp, l'échelle des valeurs avait été bouleversée. « Mais lorsque je rapportais un sucre, à qui fallait-il le donner ? À la mourante qui en avait envie ou à quelqu'un que cela aiderait à survivre ? »

S’éloigner

Pour les trois sœurs, l’année 1946 est bien remplie. Pour Simone, la rencontre avec Antoine, dit Tony, qui débouche sur son mariage. Pour Milou, ce sont des heures à la bibliothèque de la Sorbonne. Mais pour Denise, c’est moins clair.

Elle est belle à ravir. Son teint clair, ses yeux en amande, ses cheveux blonds attirent les regards : « On me montrait dans les salons. À un mariage, en juillet 1945, on m’a présentée : “Mademoiselle a été déportée, torturée… — Ah vraiment ?” » Denise a quitté précipitamment la réception. Insupportable, comme la réflexion d’un de ses camarades de la Résistance : « Dommage que tu ne sois pas morte, on aurait dit vierge et martyre, cela aurait été beau. » Avec le recul, elle reconnaîtra qu’il n’avait pas tort. À 19 ans, elle ne savait rien de la vie. Les camps l’avaient projetée dans un monde démentiel d’où elle peinait à revenir. Là-bas, on lui avait tout pris, sauf l’amitié à laquelle elle s’est cramponnée avec l’espoir tenace de revenir tout raconter à André.

Ses études lui plaisent à moitié. Question épineuse, celle des droits de scolarité de l'école, à l'époque privée, qui représentent un quart du montant de sa bourse. L'école se refuse à lui accorder une exonération de droits, ce qui l'affecte profondément. Une porte se ferme. Elle tourne un peu en rond dans ce Paris de l'après-guerre. Sa tante et son oncle continuent de pleurer leur fils mort, elle-même est inconsolable, la plupart de ses amis vivent à Lyon, tout la pousse à partir pour changer d'air. Peut-être pourrait-elle suivre l'exemple de Micheline Maurel, déportée comme elle à Ravensbrück et qui part au consulat de France à Londres ? Son travail, d'après ce qu'elle en dit, est fastidieux. Les Français libres qui ont épousé des Anglaises dont ils ont eu des enfants cherchent à régulariser leurs situations et doivent remplir un dossier au consulat. Au moins Micheline est-elle occupée toute la journée. Denise est-elle tentée de la prendre pour modèle ? Ou bien est-ce un coup de tête qui la décide à partir pour Londres en septembre 1946 ? Autre raison possible, Micheline, la fille de Frédérique, qui y poursuit ses études d'infirmière. Pourquoi ne pas la rejoindre ?

Dans ses pensées, Londres brille de mille feux. « Qui d'entre nous n'a rêvé de Londres entre le 18 juin 1940 et notre retour à la liberté ? » Londres, « phare dans nos vies bouleversées, mais réalité par les appels du général de Gaulle, par les voix des "Français parlent aux Français", par les messages que la BBC transmettait, par notre espoir d'être utiles à nos alliés », se souvient Denise, enthousiaste, en juin 1998. La réalité est moins idyllique. Les rues de la capitale britannique, souvent enveloppées de brouillard, gardent encore les stigmates des bombardements, des préfabriqués montés à la hâte remplacent les immeubles détruits, les vivres manquent encore. Cependant, après six ans de grisaille, les jeunes Anglais ont envie de danser et d'oublier, comme à Paris, le poids de la guerre.

Loin de ses sœurs, Denise leur écrit chaque semaine de longues lettres. Le courrier la sauve, elle a la preuve que leur lien est indestructible. Elle espère leur visite. S'éloigner de Paris n'est pas se fâcher. C'est une manière de tenir à distance les souvenirs de la guerre, de se consoler de la mort de son cousin, de la perte de ses « sœurs de misère, de l'engloutissement de son enfance ». Sauf que la lumière grise de Londres lui rappelle celle de Ravensbrück. Elle note à ce propos : « Quand le ciel bas et lourd pèse comme un couvercle, ces mots de Baudelaire me poursuivent comme le thème permanent d'une année : 18 juin 1944-29 avril 1945. Neue Bremm, Ravensbrück, Mauthausen, Ravensbrück surtout… » Impossible d'y échapper.

La meilleure manière de se changer les idées, c'est de voir toutes sortes de gens. Résultat, lors d'une soirée où elle est conviée, elle fait la connaissance du jeune et fringant correspondant de *Franc-Tireur* et de *La Tribune des nations* à Londres, Alain Vernay, lancé dans le Tout-Londres. C'est l'époque où se tient la Conférence internationale pour la paix, qui attire des diplomates du monde entier. Les projecteurs sont braqués sur les négociations, tout le monde parle des espions russes qui pulluleraient, la guerre froide débute.

Sous le charme, Alain l'emmène dans toutes les réceptions. Arriver au bras d'une femme superbe, authentique héroïne de la Résistance, est une chance qu'il savoure pleinement. Il est enchanté. Elle est conquise. Bref, ils se plaisent.

Malheureusement, à ce jour, alors que je voudrais raconter leur rencontre à Londres après guerre, j'avoue ma déception de ne rien savoir ni du lieu ni des autres témoins. Au moins, puis-je reconstituer le départ de Denise pour Londres après une année de cours rue Las-Cases où manifestement elle ne trouve pas sa place. Laisser derrière elle Paris et ses sœurs est douloureux, mais sans doute nécessaire à son équilibre.

Quand Denise, hébergée à Londres par des amis de *Franc-Tireur*, rencontre Alain Vernay, de sept ans son aîné, il est journaliste économique, parfaitement bilingue, plein d'entregent. Vernay est en réalité un pseudonyme qu'il a choisi pendant l'Occupation. Au moment de la déclaration de guerre, Alain Weil a 21 ans, et il est mobilisé. Son père, Émile Weil, frère de l'auteur dramatique Romain Coolus, médecin-chef à l'hôpital Tenon et amateur d'art, est le médecin et l'ami de Vuillard, Bonnard, d'Odilon Redon et de Léon Blum. Alain est aussi le petit-fils côté maternel du collectionneur Adolphe Schloss, qui habitait 38, avenue Henri-Martin dans un hôtel particulier où trois cent trente-trois chefs-d'œuvre, en majorité des primitifs italiens et des maîtres flamands, étaient accrochés côte à côte. Pendant l'Occupation, réfugié près de Clermont-Ferrand, Alain fait du renseignement et, à la Libération, se destine au journalisme quand Denise le rencontre. Avec lui, elle est vite plongée dans l'actualité politique de l'Angleterre et dans les débats autour de la Conférence internationale des Quatre. Il donne des articles remarqués à *La Tribune des nations* et au journal *Franc-Tireur*. De taille moyenne, mince, le regard malicieux, il affectionne les costumes en tweed et les cravates club. C'est un homme tourné vers les autres et un grand admirateur du monde anglo-saxon.

Leur mariage est célébré le 18 avril 1947 à Paris. À la mairie, pas à la synagogue.

Je ne sais pas grand-chose de la cérémonie. On regrette toujours de ne pas avoir posé plus de questions à celles et ceux que l'on a rencontrés. En 2006, j'écris un livre sur le troisième mariage de Léon Blum avec Jeanne Torrès-Reichenbach à Buchenwald. Alors que je raconte la scène à Denise lors d'une de mes visites en présence de son mari, ce dernier glisse dans la conversation que Léon Blum avait été son témoin à leur mariage. Denise l'avait interrompu avant qu'il ne me donne plus de détails et lui avait demandé de nous laisser, prétextant le peu de temps dont elle disposait. Ils se vouvoyaient, ce qui chaque fois me surprenait.

J'y voyais la marque d'un profond respect. Le message était clair ce jour-là, Denise considérait que je perdais mon temps. Je m'égarais sur des sujets de moindre importance.

Quelque temps après, au détour d'une autre conversation avec Denise, qui avait remarqué que mes yeux s'arrêtaient sur les fantastiques tableaux de l'entrée et du salon, elle m'avait souri : « Eux [la famille de son mari], ils ont des tableaux, nous des photos ! »

À Londres, Denise devrait être heureuse. Son appartement dans une jolie rue de Londres est tout à fait confortable, et elle est enceinte. Le 23 avril 1948, elle accouchera de jumeaux, Michel et Viviane. Mais ses sœurs lui manquent. L'une, Simone, s'est mariée et est amoureuse, l'autre, Milou, se passionne pour la psychologie. Leur équilibre reste fragile. Souvent moroses, parfois radieuses de profiter malgré tout de la vie, elles cherchent encore leur chemin.

Wiesbaden

Le 25 juin 1949, Milou, à son tour, se marie. Dans l'équipe qu'elle avait rejointe au Laboratoire de psychologie expérimentale et comparée de la Sorbonne, elle avait fait la connaissance d'un autre chercheur, Pierre Jampolsky, qui travaillait sur la mise au point de tests psychotechniques et publiait ses résultats comme elle dans *L'Année psychologique*. Milou, elle, se spécialise sur les théories de l'apprentissage si on en croit les nombreux articles qu'elle écrit sur ce sujet. Ces deux êtres passionnés travaillent côte à côte, partagent leurs recherches et ne se quittent plus. Front dégarni, haute taille, regard profond, visage allongé, traits fins, Pierre plaît à Milou. Ils ont sensiblement le même âge et semblent eux aussi faits l'un pour l'autre.

Comme dans une enquête, on avance par à-coups, on piétine, on fait fausse route. Parfois, il faut admettre qu'on ne saura pas le fin mot de l'histoire. J'avoue que, malgré mes recherches, je sais très peu de chose sur le mari de Madeleine. Peu de traces, guère de détails. Ce mariage reste une énigme. Je ne me hasarderai pas plus loin sans sources.

Pourquoi Milou tarde-t-elle à convoler ? Pierre fait partie du même laboratoire depuis 1943. Sont-ils longs à déclarer leur amour ? Est-il libre ? Quels sont les obstacles qui les empêchent de se marier ? Est-ce parce qu'elle a en tête l'exemple de sa mère qui avait abandonné son travail de laborantine à sa naissance ? A-t-elle peur d'être obligée de renoncer à sa carrière ? Des trois sœurs, elle est la plus indéchiffrable.

Se marier, c'est fonder une famille pour échapper à la solitude et créer des liens d'affection et d'amour indissolubles. En l'espace de trois ans, les trois sœurs ont trouvé un époux et sont devenues, pour deux d'entre elles, mères de famille. Pleines de vie, elles semblent regarder vers l'avenir. En réalité, elles vivent encore dans le passé. On ne guérit pas d'Auschwitz ou de Ravensbrück.

Désormais, on les appelle Madeleine Jampolsky, Denise Vernay et Simone Veil. Elles se fondent dans la foule des jeunes couples de l'après-guerre au moment où le général de Gaulle appelle de ses vœux « huit millions de bébés » pour repeupler la France. Leurs enfants ont peu d'écart d'âge et naissent dans une France en pleine reconstruction. Sauf qu'ils vivent au jour le jour avec l'ombre portée de la guerre. Pas de grands-parents maternels. Pas d'aïeux. Pas de tombes. Quelques photos. Et une certaine gravité dans le regard de leurs mères.

Les trois couples sont heureux de se voir, les

trois beaux-frères semblent s'entendre, ils ont sensiblement le même âge, les mêmes origines sociales. Leurs enfants jouent ensemble, les week-ends à La Neuville, la maison de campagne de leur tante Suzanne, rassemblent le cercle familial. C'est le vert paradis de l'enfance. Mais ces réunions, si chaleureuses soient-elles, privent Milou, Denise et Simone de leurs interminables conversations. Pas le temps, les circonstances ne s'y prêtent pas, les moments d'intimité sont rares, les maris n'ont pas envie qu'elles en parlent. Affairées, accaparées par leurs enfants, elles n'ont plus le temps de bavarder ou de se laisser aller à des confidences. Milou reste la plus sage des trois, comme lorsqu'elle était petite, Denise, toujours prête à secourir, et Simone, la moins raisonnable. À l'automne 1949, coup de tonnerre. Simone annonce son départ pour l'Allemagne. C'est la consternation et l'incompréhension. N'est-ce pas fou, lui demande son entourage, de quitter Paris pour Wiesbaden avec deux enfants en bas âge ? Jean a 2 ans, et Claude-Nicolas, 1 an. Quelle mouche l'a piquée ?

C'est la carrière de son mari qui est en jeu. À 25 ans, jeune diplômé de Sciences Po, Antoine Veil brûle de se rendre utile pour la France, meurtrie par la guerre et en pleine reconstruction. Pour réussir, il lui faut passer le concours d'entrée de l'ENA. Or, il a un « fil à la patte » ; marié et déjà père de deux jeunes enfants, il lui faut gagner la vie du ménage. Grâce à Michel de Boissieu, il a été attaché de cabinet dans plusieurs ministères, dont celui de Pierre-Henri

Teitgen, résistant et vice-président du Conseil, et celui d'Alain Poher, figure de proue de la démocratie chrétienne, le MRP (Mouvement républicain populaire). Le même Alain Poher, devenu commissaire général aux Affaires allemandes et autrichiennes, lui propose de le suivre outre-Rhin. Belle opportunité, qui tombe à point nommé, car elle lui procurera un salaire convenable et surtout lui laissera le temps de préparer le concours d'entrée à l'ENA, cette toute nouvelle école qui doit former les futurs dirigeants d'une France moderne. En effet, son titre, assez ronflant, d'observateur adjoint à la direction générale des Affaires politiques à Wiesbaden laisse supposer une charge de travail assez légère.

Difficile de partir en Allemagne après avoir connu les camps ? Simone n'y voit aucun problème. Cela ne sert à rien d'en vouloir au peuple allemand, se dit-elle. De plus, à ses yeux, ce qui est arrivé sous les nazis aurait pu arriver n'importe où ailleurs. Seule la réconciliation permettra d'éviter une troisième guerre mondiale. Assurément, elle épouse là le point de vue de sa mère. Dans son souvenir, autant son père après la Première Guerre rêvait de tuer des Boches, autant sa mère penchait du côté d'Aristide Briand, pèlerin de la paix et ardent défenseur de la réconciliation avec l'Allemagne.

Est-ce que Simone a voulu aussi montrer qu'elle avait dépassé l'horreur des camps, qu'elle avait, comme tout le monde l'y encourageait, réussi à tourner la page ? Par ailleurs, elle ne séjournera « pas vraiment en Allemagne». Ils seront dans la zone d'occupation américaine avec la perspective d'un logement de fonction, de courses dans des magasins réservés aux Américains, tout ce qui permettra à son mari de préparer le concours dans des conditions idéales. La carrière d'Antoine en dépend et, étrangement, alors qu'elle a souffert pour sa mère de la voir dépendante de son mari, elle ne voit pas qu'elle tombe dans le même piège. Elle se plie à la volonté de son époux, son départ de Paris l'obligeant à renoncer à travailler.

Autre parallèle troublant, les deux sœurs seront séparées comme l'avaient été Suzanne et Yvonne lors du départ pour la Côte d'Azur. Milou laisse partir sa petite sœur à regret. Sera-t-elle assez forte seule avec deux enfants en bas âge ? Elle avait montré au camp qu'elle était combative. Mais, depuis qu'elle est rentrée, elle n'est plus tout à fait la même. Elles s'écriront au moins une fois par semaine, elles se le promettent. La séparation sera douloureuse, Simone l'avouera. Quant à Denise, qui vit à Londres, cette décision la laisse perplexe. S'exiler à Londres se comprend, mais retourner dans la gueule du loup a quelque chose d'insensé.

Installée confortablement dans un quartier résidentiel de Wiesbaden, la capitale de la Hesse, Simone découvre cette jolie ville d'eau avec ses promenades au bord du Rhin et son casino. Au 6 Grillparzerstrasse, Simone pouponne et mène la vie d'une épouse de diplomate. Elle endosse le rôle dévolu, comme elle le dira elle-même, aux «jeunes filles de la maison», organisant des réceptions, jouant au bridge, accompagnant son mari dans les soirées organisées par les fonctionnaires du Quai d'Orsay ou par les officiels américains. Ils profitent de leur maison, qu'ils partagent avec des Anglais et des Américains. Le soir, quand ils ne sont pas invités, Antoine se met au piano, Simone lit. Le plus satisfaisant pour elle, c'est sa carte de PX qui lui permet d'acheter des produits de beauté, des bas nylon, des vêtements, des alcools qu'elle peut envoyer à ses sœurs. Ce sont des avantages non négligeables à l'heure où les effets du plan Marshall tardent à se faire sentir.

Pour son mari, elle découpe des articles dans *Le Monde* et lui prépare des fiches de révision. Entre deux mondanités diplomatiques, ils rendent visite à Alain Poher, installé dans un château à Düsseldorf, la villa Hügel, avec, comble du luxe, une piscine intérieure, où l'on voit la jeune épouse du brillant attaché du consulat en tailleur foncé, coiffée d'une sorte de chapka blanche. Ils alternent parties de bridge et concerts de musique classique, week-ends dans la Forêt-Noire où Simone, en tenue de ski, gros pull en laine torsadé et foulard sur les cheveux, pose avec un faux « ours blanc » !

Cette vie assez « plan-plan » ne lui déplaît pas. La bague au doigt, Simone se conforme aux usages des milieux aisés, où les jeunes mariées, y compris les plus diplômées, sont destinées à devenir des femmes au foyer qui élèvent leurs enfants et secondent leurs maris, mettant en veilleuse leur vie professionnelle, quitte à la reprendre dans un deuxième temps. Une vie sociale bien remplie, un brin superficielle, que Simone décrit avec une franchise étonnante dans le questionnaire qu'elle remplira pour poser sa candidature à un poste de magistrat dix ans plus tard : « J'étais déjà mariée et avais trois enfants de 6 ans, 5 ans et 1 mois, lorsque j'ai commencé mon stage d'attachée au parquet. Je reprenais aussi mes études après une interruption complète de quatre années pendant lesquelles j'avais vécu à l'étranger et essentiellement mené une vie mondaine. »

Son amie du camp, Marceline Loridan, sera surprise de la voir à ce point rentrer dans le rang. L'image de la jeune fille révoltée au camp, métamorphosée en bourgeoise rangée avec collier de perles, l'étonnera. Simone, piquée au vif, tiendra à raconter dans son autobiographie : « Je me souviens d'avoir choqué quelques personnes en descendant l'escalier magistral de la résidence d'Alain Poher sur la rampe. » Une manière de signaler qu'elle n'est pas celle qu'on croit ! À sa manière, elle reste une insurgée.

La guerre n'est jamais loin. Ne serait-ce que dans le choix de leurs amis. Le couple Veil se lie avec un journaliste, Roger Stéphane, qui, par amour pour un jeune résistant, était entré revolver à la main pour libérer l'Hôtel de Ville. Né Roger Worms, dans une riche famille de la bourgeoisie juive parisienne, Roger Stéphane participe à la création de *L'Observateur*, l'ancêtre de l'actuel hebdomadaire *L'Obs*, et se rend à plusieurs reprises par curiosité dans l'Allemagne occupée par les Alliés. Surnommé l'aventurier au nœud papillon, il sympathise avec le jeune couple. La question de la réunification de l'Allemagne agite les esprits, et les conversations vont bon train dans les soirées où Simone accompagne son mari. Moins agréable sera la question du voisin de table de Simone, haut fonctionnaire, qui l'interroge sur son tatouage : « C'est votre numéro de vestiaire ? » Elle ne bronche pas. Puis se lève pour pleurer dans un coin et revient s'asseoir. Pas d'esclandre.

Après deux ans à Wiesbaden, le couple déménage à Stuttgart, où il vit dans les mêmes conditions de confort. Rien ne change véritablement. Les deux garçons parlent maintenant allemand. Mais Stuttgart n'est pas si loin de Bergen-Belsen. Antoine, qui bénéficie d'une voiture de fonction, l'accompagne. Le camp est méconnaissable. Il a été rasé par les Britanniques. Vide et silencieux. Peu importe, Simone songe à sa mère, morte sans sépulture, à quelques semaines de l'arrivée des troupes britanniques, à son propre désespoir, à la peur de perdre sa sœur alors qu'on les rapatrie. Elle y reviendra trente-cinq ans plus tard en tant que présidente du Parlement européen pour témoigner du sort qui, tout comme aux Juifs, avait été réservé aux Tsiganes, dans les camps nazis.

Simone a 25 ans, deux enfants, et un mari promis à un bel avenir. Elle est magnifique. Sept ans après la guerre, elle semble apaisée. Jusqu'au jour de l'accident.

L’accident

La France de René Coty sommeille. Étrangers et provinciaux ont remplacé les Parisiens en vacances, note le journaliste du *Monde* à la mi-août 1952. « Une simple étiquette apposée sur la vitrine passée au blanc d’Espagne, contre la grille tirée de bout en bout, annonce la nouvelle aux passants : fermé pour trois jours ou fermé pour un mois (congés payés). » Pour fuir la chaleur étouffante de la capitale, les Vernay et leurs enfants sont partis se reposer à la campagne, chez les Heilbronn. Les enfants en bas âge et la nécessité pour Alain de ne pas trop s’éloigner de Paris expliquent en grande partie le choix des Vernay.

Milou, elle, a choisi, avec son mari et son petit garçon, de rendre visite, comme l’an passé, à Simone, toujours à Stuttgart, où Antoine révise son concours, fixé au mois de septembre. Simone ne peut pas bouger, bien sûr. Dans leur 4CV toute neuve, les Jampolsky ont installé soigneusement le petit Luc, avec tout ce qu’il faut pour leur séjour de deux semaines, la voiture est pleine à craquer. Paris-Stuttgart, 659 kilomètres.

Là-bas, l'été est agréable, le parc du château de Rosenstein est splendide, le plan Marshall a permis sa reconstruction après les bombardements alliés, et les magasins regorgent de produits *made in USA* qui font le bonheur des deux sœurs, les repas sont bien plus copieux qu'en France. Le petit Luc fait ses premiers pas. Simone est heureuse avec sa chère Milou, elle sait que d'ici peu elle devra rentrer à Paris au début de l'année suivante, c'est prévu. Un peu de patience.

C'est la fin des vacances. Il est temps de rentrer. Antoine prend quelques photos, Milou, cigarette à la main, et Luc sur ses genoux, regarde l'objectif, esquissant un sourire. Ultimes recommandations, embrassades affectueuses, messages à transmettre à la famille à Paris. Antoine prend en photo la 4CV pleine à ras bord. Les Jampolsky prennent congé.

Le 14 août, la 4CV neuve échappe au contrôle de Pierre Jampolsky, en pleine ligne droite, à hauteur de Meaux, et percute un arbre. Milou meurt sur le coup alors qu'elle est en train d'écrire à Simone qu'elle vient à peine de quitter. Pierre est sain et sauf. Simone et Antoine se précipitent à l'hôpital. Dans les bras de sa tante, sans blessure apparente, Luc meurt, souffrant d'une fracture du crâne non diagnostiquée.

Au moment où le drame se produit, Denise et sa famille sont à Crisenoy, dans la propriété de Jacques et Anne-Marie Heilbronn, qui ont mis à leur disposition un pavillon dans le parc. La journée est ensoleillée, la conversation joyeuse, les enfants gambadent dans le jardin, tout est calme. Le téléphone sonne. On demande Alain. Il se lève. Quelques minutes à peine, il revient, le visage décomposé, les mains tremblantes : « Milou est morte. Un accident sur la route. Elle a été tuée sur le coup. »

Denise et Simone sont effondrées. En état de choc. Cette disparition aussi violente que soudaine les brise. Cette jeune femme, si secrète, ne laisse que de doux souvenirs, tendres et affectueux.

Dans les jours qui suivent, Madeleine et son petit garçon sont enterrés dans le cimetière de La Neuville-d'Aumont, là où repose André Weismann, leur cousin, mort pour la France. La famille est réunie. Les lettres de condoléances affluent de toute part. Les proches restent sur l'image de Milou qui semblait enfin heureuse avec la naissance de son petit garçon, et comblée par l'avancée de sa carrière de psychologue au sein du laboratoire de la Sorbonne. La mort à 28 ans dans un banal accident de la route après avoir surmonté tant d'épreuves est inconcevable.

Denise est brisée, Simone révoltée. Indignée. La cadette dit sa rage d'être privée de l'amour de Milou et de ce lien qui la reliait à leur mère. « Ce double choc m'a anéantie. J'éprouvais le sentiment d'une terrible injustice, d'un nouveau coup du destin qui s'acharnait à nous détruire. » C'était « l'ultime lien affectif qui me rattachait encore au passé que nous avions vécu toutes les trois ensemble ». À Jean, qui a 5 ans, elle ne dit pas la vérité. « Ils sont partis dans une grande villa dans le Midi », dit Simone à son fils qui s'étonne de ne plus les voir.

En 1976, dans un long portrait diffusé à la télévision, interrogée sur la mort de sa sœur, « celle qui est toujours restée avec moi », sa voix s'étrangle : « Ce n'est pas possible. » Et Simone Veil détourne la tête.

Pour cacher son chagrin, Simone s'occupe, range, cuisine, pouponne, fait des courses, rend visite à ses amies Fanny et Tauba, qui lui prêtent une oreille attentive et affectueuse, et tentent de la réconforter. Elle écrit de nombreuses lettres à Denise qui est rentrée de Londres depuis un an. Elles ont perdu leur grande sœur, celle qui avait pris la place de leur mère, à qui elles confiaient leurs joies, leurs déceptions, leurs espoirs. Malgré l'extrême pudeur qui les empêchait de parler aussi librement qu'elles l'auraient souhaité, elles avaient la même nostalgie de la rue Cluvier où résonnaient leurs rires et leurs disputes. La guerre les avait séparées, Milou et Simone d'un côté, Denise de l'autre. Le retour n'avait pas été simple, pour aucune. Et si elles n'avaient pas réussi à évoquer ce qui avait été le plus douloureux pour chacune d'entre elles pendant la guerre, elles se sentaient extraordinairement proches.

Leur attachement mutuel plonge loin dans les souvenirs d'enfance, au temps où elles étaient Éclaireuses, heureuses de vivre, choyées par leurs parents, rêvant de flirts et de grandes amours. La guerre a tout pulvérisé, leur a tout arraché, mais elles ont eu la chance de reconstituer un trio, affectueux et tendre, qui leur semblait indestructible. Comment accepter que cet équilibre retrouvé s'effondre aussi brutalement ? Et comment se débarrasser de ce regret lancinant d'avoir sans cesse remis à plus tard le fait de parler de ce qu'elles avaient vécu au camp ?

Elles étaient trois, comme dans *Les Trois Sœurs* de Tchekhov. Ont-elles lu ou vu la pièce ? Un an après la mort de leur père, le général Prozorov, trois sœurs, Macha, Olga et Irina, et leur frère Andreï célèbrent avec des amis la fête d'Irina. Vivant dans une garnison de province, les trois sœurs rêvent de retrouver Moscou, la ville adorée où elles ont grandi. La pièce décrit le deuil impossible du passé et la désillusion que l'avenir leur impose.

On songe aussi aux sœurs Brontë, Ann, Emily et Charlotte, ce clan familial marqué par la malédiction. Comme les sœurs Brontë, les trois sœurs Jacob, à la fois fragiles et puissantes, animées par une surprenante vitalité, avaient eu la force incroyable de continuer à vivre après tant d'épreuves. Désormais, elles ne sont plus que deux. Malgré la lourde chape de tristesse qui s'abat sur elles avec la mort de Milou, elles doivent s'inventer un destin.

QUATRIÈME PARTIE

L'oubli est une seconde mort

> « Si j'ai survécu, je le dois, d'abord et à coup sûr, au hasard, ensuite à la colère, à la volonté de dévoiler ces crimes et, enfin, à une coalition de l'amitié – car j'avais perdu le désir viscéral de vivre. »
>
> Germaine Tillion, *Ravensbrück.*

24 avril 1965. Vingtième anniversaire de la libération des camps. 17 heures. Église Saint-Roch, à Paris, près des Tuileries. M. Sainteny, ministre des Anciens Combattants et Victimes de guerre, assiste au service organisé, comme chaque année, par l'Association nationale des familles de résistants et d'otages morts pour la France. Après la messe, l'assemblée observe un moment de recueillement dans la chapelle des déportés où a été placée une urne contenant des cendres provenant des camps. Ensuite, Denise, vêtue d'une veste de tailleur sombre, foulard et gants noirs, descend les marches de l'église, entourée de nombreuses personnalités, elle tient précautionneusement

à deux mains le flambeau allumé le matin même sur la tombe du soldat inconnu à l'Arc de triomphe. Elle a été désignée pour le porter jusqu'au Mémorial des martyrs de la Déportation dans l'île de la Cité, où se déroule la suite de la cérémonie.

Vingt ans après sa libération de Mauthausen, Denise, belle femme épanouie de 40 ans, un côté Michèle Morgan avec ses yeux étirés jusqu'aux tempes et ses cheveux blonds relevés en chignon, pourrait passer pour une grande bourgeoise désœuvrée, si la majeure partie de son temps n'était consacrée à son travail de collaboratrice auprès de Germaine Tillion à l'École des hautes études, où elle l'aide dans ses recherches.

L'autre partie de son temps, elle la consacre à l'ADIR où elle seconde Jacqueline Rameil, chargée de l'édition du bulletin qui fait toujours le lien entre les anciennes résistantes et déportées. 1965 est l'année de parution de l'ouvrage de Germaine Tillion, *Les Françaises à Ravensbrück*, où figure le témoignage de Denise sur ses difficultés de réadaptation. Deux cent cinquante personnes se retrouvent au restaurant du musée de l'Homme à cette occasion. De chez elle, au 9, boulevard Raspail, Denise envoie les exemplaires qu'on commande. Cheville ouvrière de l'association, elle ne ménage jamais sa peine.

Journaliste comme son mari, Alain, à qui l'on doit la création des « pages saumon » du *Figaro*, Denise signe régulièrement des articles dans le bulletin de l'ADIR sous le nom de Miarka. En pleine guerre d'Algérie, au moment de la réforme pénitentiaire, elle a interrogé Germaine Tillion en tant que visiteuse de prison sur la question de l'enseignement des prisonniers. Elle recueille aussi les réactions d'Anise Postel-Vinay, née Girard, résistante déportée, qui lui avoue avoir pris à contrecœur le chemin de Fresnes pour aider des prisonniers à étudier. Toutes ont cette expérience des prisons, elles ont connu les cellules infectes de la Santé, de Montluc, des Baumettes, ou de Fresnes.

Denise est infatigable. En tant qu'ancienne de *Franc-Tireur*, elle prend part aussi à la remise des prix du concours national de la Résistance et de la Déportation dont les résultats sont annoncés aux collégiens et lycéens qui y ont participé dans le grand amphithéâtre de la Sorbonne ou celui de la faculté de médecine. Mais le moment fort de ces années-là pour Denise, c'est probablement sa participation à une émission de télévision, en avril 1967, sur la deuxième chaîne. C'est une évocation du camp de Ravensbrück où l'une des dix mille Françaises déportées, Micheline Maurel, jeune professeur de lettres, avait écrit des poèmes. Ils sont chantés par Jany Salvaire et dits par deux actrices, Sylvia Montfort et Emmanuelle Riva, sur une musique de Joseph Kosma, qui sert de fil rouge à l'émission.

« Il faudra que je me souvienne,
Plus tard, de ces horribles temps,
Froidement, gravement, sans haine,
Mais avec franchise pourtant. »

C'est comme une veillée du souvenir. Assises sur un tabouret dans la pénombre, sept femmes, dont Denise, environnées d'un décor qui rappelle l'univers concentrationnaire. Des photos, des dessins et des peintures racontent l'horreur des camps. Dans une robe imprimée, sans aucun bijou, impeccablement coiffée et maquillée, Denise, le regard grave, les lèvres serrées et les bras croisés, montre à l'écran le livre qu'elle a confectionné au camp en volant du papier et un crayon, pour lutter contre la « décrépitude morale », comme le dit le présentateur.

Toutes ont gardé de mauvais souvenirs de leur retour. Aucune joie. Parce que, comme le dit Marie-José Chombart de Lauwe, « on avait trop rêvé ». Là-bas, pour supporter leur dénuement, elles faisaient remonter à la surface des images de leur enfance ou elles imaginaient le monde libre et fraternel qui les attendait. Elles ne l'ont pas trouvé. On sent chez chacune d'entre elles des blessures mal refermées. Micheline Maurel se passe nerveusement la main dans ses cheveux à peine coiffés, croise et décroise ses doigts, le regard tourmenté : « J'ai essayé de revenir de Ravensbrück », dit-elle face caméra, les yeux hagards. Pour illustrer leur réadaptation à la vie, on découvre que l'une a été sauvée parce qu'elle a retrouvé ses enfants de 7 et 11 ans, l'autre, poinçonneuse dans le métro, parce qu'elle a donné naissance à une fille. Denise, elle, apparaît à la fin du reportage, assise à son bureau, la veste de son tailleur sur les épaules, répondant au téléphone, avec en évidence devant elle sa machine à écrire et un magnétophone. Journaliste, elle est aussi mère de famille. On la voit assise dans sa salle à manger aux meubles d'époque, en train de jouer aux cartes avec ses enfants, son mari debout à ses côtés, la main sur son épaule, l'air protecteur. Des images de familles nombreuses, unies et souriantes, pour clore ce film sur une note optimiste. Vingt ans après la guerre, Denise affiche tous les signes du bonheur. Pourtant, on se tromperait si on croyait qu'elle s'éloigne de son passé. Au contraire. Comme Simone, elle vit dans le passé.

Proches

Le 19 mai 1974, Simone Veil est nommée ministre de la Santé dans le gouvernement de Jacques Chirac. La France découvre cette femme rayonnante aux yeux clairs. Ce n'est cependant pas la première fois que son nom est mentionné dans la presse. À sa nomination, en février 1970, au poste de secrétaire générale du Conseil supérieur de la magistrature, à 43 ans, dont elle est la première femme titulaire, *Le Monde* précise qu'elle a été déportée jeune, qu'elle est mariée à un inspecteur des finances et mère de trois grands enfants. « C'est une petite femme brune et charmante, réservée et discrète. »

D'emblée, l'erreur est commise. Peu de gens la relèvent alors. Non, elle n'a pas été déportée à Ravensbrück comme le dit le président de la République, Valéry Giscard d'Estaing, quand il annonce son entrée au gouvernement. *Le Monde*, qui brosse son portrait, commet la même bévue. Trente ans après, on confond le destin de Simone avec celui de sa sœur, signe d'une époque où la mémoire de la déportation des Juifs de France est ignorée du grand public.

L'expérience de la déportation expliquerait l'ambition de cette magistrate. Elle se plaignait de son poste où, disait-elle, elle s'ennuyait : « La lassitude vient d'autant plus vite pour qui a plus tôt été sauvagement jetée dans la vie : à peine adolescente, Mme Simone Veil est déportée au camp de Ravensbrück. Y partir à cet âge et en revenir annonce que l'on n'est pas femme à subir, mais à vaincre. » Ses diplômes et son mariage, précise l'article, avec l'actuel directeur général de la compagnie aérienne UTA, « ne suffisent pas à satisfaire une volonté de puissance, développée plus que créée par l'adversité des premiers temps, et un grand sens politique », *dixit Le Monde*, le 30 mai 1974.

Et de décrire le mode de vie de cette mère de trois fils, dont l'un, médecin, s'intéresse comme elle à la question pénitentiaire. « Mme Veil fréquente assidûment les hauts notables de la Ve République, les reçoit à sa table, est de tous les fastes officiels. Ses yeux, d'un bleu très clair, sa grâce distante, son sourire jamais achevé, ses éclats de rire secs, son charme qui est d'une femme juste entrée dans la maturité, son permanent quant-à-soi, font merveille », conclut le journaliste du *Monde*.

Simone abandonne sa Fiat 500 pour une DS ministérielle, prend possession de son vaste bureau, avenue de Ségur, à cinq cents mètres de son appartement de la place Vauban. Elle devient célèbre. Mais il y a une autre Simone Veil, l'orpheline qui n'oublie jamais d'où elle vient. Il lui reste une sœur, et rien ne la fera rater son tête-à-tête du dimanche matin avec Denise. C'est un rite. Les maris ne sont pas conviés, les enfants non plus. Longtemps, elles se donneront rendez-vous à La Rhumerie, au métro Mabillon, à deux pas du marché de la rue de Buci. Puis elles porteront leur dévolu sur la brasserie Le Vauban, en bas du domicile de Simone, face au dôme doré des Invalides. Elles parlent de tout, échangent des informations, essentiellement sur tout ce qui touche à la Seconde Guerre mondiale. Elles en éprouvent le besoin, et l'une et l'autre. Leurs bibliothèques contiennent tout ce qui se publie sur la déportation, les témoignages, les travaux des historiens sur l'Occupation, les camps, les procès. Aucun livre ne leur échappe. J'ai eu l'occasion de consulter la liste des ouvrages de la bibliothèque de Denise, qu'elle a légués à la Fondation pour la mémoire de la déportation. C'est flagrant. Elles ne ratent aucun film ni documentaire, comme si elles avaient besoin de vérifier que ce qu'elles avaient vécu avait bien existé et que leurs souvenirs étaient exacts.

Je l'apprendrai à mes dépens, ce rendez-vous est l'occasion pour elles d'échanger sur les livres ou les films qu'elles ont vus sur la guerre. En 2002, un lundi matin, à 9 heures, le téléphone sonne à mon bureau : « Bonjour, ici Simone Veil, vous êtes occupée ? Comment avez-vous pu apprécier ce téléfilm sur Jean Moulin. Il était sans intérêt. Je ne vous comprends pas. » Le temps de me rappeler que j'en avais parlé avec Denise quelques jours auparavant, Simone Veil m'avait dit tout le mal qu'elle pensait de ce téléfilm diffusé sur TF1, avec Francis Huster dans le rôle de Jean Moulin. La multiplication des scènes d'amour et l'intervention de personnages fictifs ne m'avaient pas gênée parce que j'y avais vu l'ambition de toucher le grand public. En revanche, Simone Veil avait détesté. Je retenais de ce coup de fil que l'une et l'autre attachaient de l'importance à mon jugement, ce qui me touchait.

Denise et Simone sont inséparables quoi qu'il arrive. La veille de son départ pour Strasbourg, où Simone a été élue présidente du Parlement européen, en juillet 1979, *Paris Match* la rencontre chez elle. « Le teint frais et lisse, le regard vif où brille un éclat de bonne santé, respire le bien-être, voire une certaine gaieté, le salon a aussi un air de fête ; partout des fleurs, blanches, roses. » Hier, c'était son anniversaire. Le 13 juillet 1979, elle a eu 52 ans, ce que ne dit pas l'article qui remarque le tailleur blanc Chanel qu'elle porte, prêt de la Maison, et ses boucles d'oreilles bleues, en accord avec ses yeux. Elle se dit heureuse de retrouver une vie normale. Elle joue à la maîtresse de maison en montrant les fauteuils qu'elle a achetés chez un antiquaire en Normandie et qu'elle n'a pas eu le temps d'apporter chez le tapissier. Elle parle de l'électricien qui doit venir et des placards à ranger.

On sonne à la porte. C'est sa sœur. « Blonde et rose, un air gentil, discret, beaucoup de tendresse dans le regard », écrit Sabine de La Brosse. C'est juste, ce qui unit les deux sœurs, c'est une infinie tendresse. La seule erreur que tant de gens commettent, c'est de présenter toujours Denise comme la sœur de Simone Veil. On lit alors l'agacement dans ses yeux. Jamais elle ne haussera le ton ni ne reprendra son interlocuteur. Mais, au fil des années, ce manque d'égard la blessera de plus en plus. À juste titre.

C'est si peu respectueux de son passé. Personne n'y prête vraiment garde pourtant. Le 8 septembre 1993, Denise participe à l'émission présentée par Jean-Marie Cavada, « La Marche du siècle », consacrée aux victimes de Klaus Barbie. Elle est assise aux côtés de Geneviève de Gaulle, d'Elie Wiesel, Prix Nobel de la paix, et du procureur général du procès Barbie, Pierre Truche. Quand la caméra s'arrête sur elle un moment, Jean-Marie Cavada la présente comme résistante, déportée à Ravensbrück et sœur de Simone Veil.

Quand la photographe Marie Rameau, qui prépare un livre sur les objets fabriqués dans les camps, la fait poser, elle lui dit qu'elle ressemble à sa sœur. Elle regrette aussitôt sa remarque. Impavide, Denise lui répond : « C'est elle qui me ressemble, je suis l'aînée », et ajoute : « On la photographie plus souvent que moi. » Et se laisse faire.

Comment empêcher cette comparaison qui est sur toutes les lèvres ? On comprend qu'elle s'en agace. Non qu'elle ne soit pas fière de sa sœur, mais ce n'est pas à ce titre qu'elle est invitée à prendre la parole. Du reste, elle ne s'en réclame jamais. Aucun passe-droit ni privilège. Sous ses airs faussement assurés, Denise a toujours peur qu'on ne la comprenne pas, ou mal. S'exprimer en public ne lui est pas facile. À la différence d'anciens résistants ou de déportés, elle ne se rend pas dans les classes. Aucun désintérêt de sa part, bien au contraire, mais elle éprouve un mal-être permanent à parler d'elle-même.

Rien de plus exaspérant pour Denise que de se voir ravaler au statut de « sœur de… ». Parfois, je voyais son regard courroucé, identique à celui de sa sœur, et je me gardais bien de signaler à quel point, par moments, elles se ressemblaient. Ayant moi-même une sœur aînée, je comprenais que ni l'une ni l'autre, malgré l'affection profonde qu'elles se portaient, n'avaient envie d'être constamment comparées. Tous ceux qui les ont connues savent à quel point elles étaient proches et le sont restées, malgré les aléas de la vie. Quand Simone est devenue populaire, Denise n'est plus apparue dans les multiples portraits consacrés à sa sœur. Nombreux sont ceux qui ignorent même leur parenté.

Dans un documentaire de David Teboul consacré à Simone Veil en 2004, *Une histoire française*, on la voit pour la première fois à la télévision avec Denise, assises dans un canapé, chez elle, commentant ensemble les photos de leur album de famille. Défilent les images du bonheur perdu de leur enfance. Elles n'ont vu vieillir ni leurs parents, ni leur frère, ni leur sœur. André est mort à 53 ans, Yvonne à 45 ans,

Milou à 29 ans, et Jean à 19 ans. Ils sont restés éternellement jeunes. Jean serait-il devenu un artiste célèbre ? Milou une scientifique réputée ? Ces photos sont leur bien commun. Leur héritage.

Œuvre de mémoire

Denise est une travailleuse de l'ombre. De son propre aveu, elle préfère demeurer en retrait. Jamais elle ne cherche à faire parler d'elle. On ne l'entend pas. Ou rarement. Mais on tient compte de son avis. Son influence est réelle, et il est rare qu'elle transige ! Aussi énergique que Simone, aussi intraitable, Denise n'a pas non plus « sa langue dans sa poche ». Qui a eu affaire à elle le confirmera.

Mais une fois n'est pas coutume, Denise est sur le devant de la scène. Pendant trois ans, elle est la cheville ouvrière de la réalisation du premier CD-Rom sur la déportation. Une prouesse. Avec une énergie sans faille, à 74 ans, elle travaille main dans la main avec un tout jeune homme, Grégory Chatonsky, 27 ans, concepteur multimédia. Aidée par Henri Borlant, déporté à 15 ans à Auschwitz, et le général Pierre Saint-Macary, déporté à Mauthausen, Denise mène le projet à son terme. « C'était elle, la patronne », me dit, avec tendresse et respect, Henri Borlant.

De 1995 à 1998, c'est la grande aventure de Denise,

qui coordonne, au nom de la Fondation pour la mémoire de la déportation, ce travail colossal qui mobilise deux cent cinquante personnes, aboutit à trente heures de navigation où les deux déportations, celle des Juifs et celle des résistants, sont réunies. De l'avis unanime de tous ceux qui l'ont côtoyée à ce moment-là, Denise, avec son autorité naturelle, a su mener à bien ce projet plein de chausse-trapes. Elle a de quoi être fière. Ce sera son propre fils, Michel Vernay, qui présentera les fonctions du CD-Rom sur un grand écran lors de l'assemblée générale de l'ADIR au printemps 1999.

Réalisé avec le concours de Publicis, le CD-Rom, œuvre à vocation pédagogique, réunit des explications sur les camps de concentration et de mises à mort, des cartes, des témoignages de survivants, et des textes lus par Catherine Deneuve et Richard Bohringer. Pour le lancement, une conférence de presse est prévue au cinéma Publicis, en haut des Champs-Élysées, dans les premiers jours de novembre 1998. Il est 8 h 30. Je m'approche du buffet dressé dans l'entrée et je tombe sur Simone Veil, déjà arrivée, tasse de café à la main, et qui, sans préliminaire, me fait part de ses doutes sur le traitement, dans le même CD-Rom, des deux déportations. La hantise de la banalisation de la Shoah la rend méfiante. Je la sens sceptique, mais je lui fais remarquer que Denise est une des rares personnes qui, comme elle le dit elle-même, « a de bons contacts avec les deux déportations ». Le souci permanent de Simone était de faire entendre la voix des

Juifs. Rétrospectivement, je pense que, ce matin-là, Simone Veil, qui craignait cette confusion, pouvait aussi viser la résistance communiste qui, d'après elle, était capable de se donner le plus beau rôle. La presse salue l'événement, *Libération* fait les louanges de l'ancienne déportée et du jeune réalisateur. Nulle polémique ne vient ternir le succès de l'entreprise.

À cette époque, l'affrontement des deux mémoires, que chacune des sœurs incarne, est vif, le terrain est miné. On évoque la « concurrence » des victimes, les tensions sont réelles. On parlerait trop de la Shoah. Les résistants seraient oubliés. Il serait illusoire de croire qu'elles ne se disputaient jamais à ce propos.

Que ce soit avec l'une ou avec l'autre, je le ressentais. Les historiens s'opposaient, les associations de mémoire bataillaient, les institutions étaient assaillies de demandes de toute part. Impossible de l'ignorer. Combien de fois Denise m'a-t-elle fait le reproche d'être « accaparée » par la Fondation pour la mémoire de la Shoah ? Je savais pertinemment que les deux « déportations » se regardaient en chiens de faïence. Denise n'avait-elle publiquement interpellé Jacques Chirac à ce propos ? Le 10 novembre 2004, lors de la réunion du Haut Conseil de la mémoire combattante à l'Élysée, elle demande au président, qui « a tant fait pour la mémoire juive de l'Occupation, d'avoir aussi de la considération pour les résistants déportés, et pas seulement [...] pour les victimes de la Shoah ». Rien n'est simple entre elles ni pour elles. Le passé les ligote. C'est toujours à fleur de peau. Quand Denise publie pour ses proches un livre où elle raconte « sa guerre, pas la guerre des étoiles », on sent à quel point parler de cette époque déclenche des émotions difficiles à contrôler. Le titre qu'elle donne à ce recueil de textes publié sur un beau papier grège, *Une partie de moi-même*, sonne juste. Une partie d'elle-même est restée là-bas.

D'entrée de jeu, elle explique la raison de la publication à tirage limité de ses Mémoires. Une question de Simone en 2008 a servi de détonateur : « Mais, au fond, qu'est-ce que tu as fait dans la Résistance ? » Incroyable de penser qu'elles n'avaient pas encore trouvé l'occasion d'en parler entre elles.

Raconter chacune à leurs propres enfants n'a pas été plus aisé. C'est la génération d'après, celle des petits-enfants, qui a entendu le plus souvent le récit de leur déportation. En 2005, à la veille de la cérémonie officielle pour la commémoration du soixantième anniversaire de l'ouverture des camps, où Simone Veil prendra la parole au nom de tous les déportés, elle explique sa démarche : « Avant de penser à quoi que ce soit, je suis venue parce qu'ils [ses petits-enfants] ont exprimé le désir, l'intérêt, de savoir de façon plus précise ce que j'avais vécu, de connaître ce qui a été si bouleversant, si tragique, d'une si grande influence. Ils veulent intégrer non seulement mon passé, mais aussi celui de leurs arrière-grands-parents qu'ils n'ont pas connus, mais dont je leur parle souvent. C'est important pour eux. » Pour elle aussi.

Paul et Marceline

> «J'ai vu mourir ta mère sur le sol gelé de Bergen-Belsen.»
>
> Marceline Loridan, 11 juillet 2017.

Simone et Denise donnaient le sentiment d'être comblées pour ceux qui les connaissaient superficiellement. Elles avaient un jardin caché, le chagrin d'avoir perdu leur famille et la souffrance des camps. Il n'est pas convenable de se plaindre. On se tait. Mais le besoin d'«en» parler est irrépressible. Alors, rien ne vaut un déjeuner ou un dîner avec les camarades du camp. Ce qui est vrai pour Denise l'est aussi pour Simone. Sauf qu'elles n'ont pas les mêmes camarades.

À partir des années 1960, il y a pour Simone, deux amis parmi les plus chers, Paul Schaffer et Marceline Loridan. J'ai eu la chance de les rencontrer et de nouer avec eux des liens étroits.

Je fais d'abord la connaissance de Marceline Loridan au moment où elle dépose un dossier de demande de subvention à la Fondation pour la mémoire de la

Shoah, en 2003, pour son film *La Petite Prairie aux bouleaux.*

Au début, je suis loin d'imaginer que cette petite dame rousse à la chevelure bouclée semblable à un halo de feu, rieuse et drôle, à la fois frêle et pleine d'énergie, est l'amie de toujours de Simone. On avait ri ensemble parce que j'étais, comme Marceline, juive ashkénaze, gauchère et née à Avignon, à cinquante kilomètres de Bollène d'où elle venait. Dans son appartement de la rue des Saints-Pères, dont le code de la porte d'entrée était B52, « comme les avions », disait-elle, elle m'avait reçue et avait tenu à me montrer le film *Chronique d'un été* de Jean Rouch et Edgar Morin où elle joue son propre rôle, celui d'une jeune fille paumée, qui attend le soir pour sortir en boîte de nuit et écouter du jazz. Après guerre, elle avait perdu Simone de vue. Puis, en 1954, elle l'avait croisée avec une poussette une première fois rue de Rome, où elle habitait, près du boulevard des Batignolles. Simone venait d'avoir son troisième fils, Pierre-François, qu'elle promenait. Joyeuse de l'avoir retrouvée, Simone l'avait invitée chez elle. Marceline n'ira pas. L'une est mariée et installée, l'autre est pauvre et vit avec un ancien déporté complètement détruit. Le fossé, à ses yeux, était trop grand entre leurs deux existences. « Elle vivait dans un autre monde », écrira Marceline dans son livre, *Ma vie Balagan*, dont j'ai été l'éditrice chez Robert Laffont. Des années plus tard, cette fois-ci à Saint-Germain-des-Prés, près de la rue Danton où Simone habitait, elles se croisent. On est en pleine guerre d'Algérie. Que sa copine d'Auschwitz travaille pour l'administration pénitentiaire scandalise Marceline, jusqu'au jour où elle découvre ce que Simone fait pour les Algériennes détenues. Simone a insisté. Marceline est montée chez elle. Elles ne se sont plus quittées.

Avec Marceline, Simone parle de sa mère et de Milou. Douze heures par jour, elles creusaient des tranchées. Mais si Simone « était coincée par sa mère et sa sœur », Marceline était seule et entraînait Simone à se rebeller. Ce sont deux adolescentes qui ont le culot et l'optimisme de leur âge. Il leur arrive même de chanter à voix basse *Le Voyage du pauvre nègre* d'Édith Piaf pour supporter le froid et la faim, les insultes des kapos : « Cela énervait les vieilles, les plus de 25 ans », s'amuse encore Marceline qui se cachait sous les couvertures avec Simone pour échapper aux corvées. Si elles se faisaient prendre, « c'était la dérouillée à mort ou la chambre à gaz, mais notre esprit de rébellion était plus fort. On se disait : "on s'en sortira par la porte ou la cheminée" ».

J'écoutais Marceline me raconter ce qu'elle faisait avec « sa copine ». Elle qui se moque tant des conventions avait pour amie cette dame on ne peut plus bourgeoise, honorable et en tout point convenable. C'était impossible à croire.

Au moment du débat à l'Assemblée nationale, où Simone Veil se bat pour la loi sur la légalisation de l'interruption volontaire de grossesse, elle est la cible d'attaques et d'insultes antisémites. Comme le dira Marceline, sa copine en « a bavé ». Elles ont fêté l'adoption de la loi à leur manière, en mangeant des harengs et en buvant de la vodka !

Étrange d'imaginer que soixante-cinq ans après la fin de leur calvaire, leurs amies les plus proches, celles à qui elles disent tout ce qu'elles n'ont jamais dit aux autres, maris, enfants, petits-enfants, sont celles avec qui elles ont été déportées. Mais est-ce si surprenant ?

J'en avais été témoin lors d'un déjeuner avec Marceline Loridan et Simone Veil au restaurant Le Récamier. Le choix du restaurant m'avait amusée. Situé dans une impasse, rue de Sèvres, ce restaurant fréquenté par le Tout-Paris politique et intellectuel, réputé pour ses soufflés, se trouve sur le trottoir face au Lutetia occupé par les Allemands puis réquisitionné en avril 1945 par le gouvernement pour faire face à l'afflux des rapatriés, et par où elles étaient passées toutes deux à leur retour. N'y avait-il pas d'autre endroit pour se retrouver ?

Marceline était venue à pied de la rue des Saints-Pères, toute proche. Simone Veil, chignon serré et tailleur Chanel, était arrivée conduite dans une R25 grise par son chauffeur du Conseil constitutionnel. Elles riaient comme deux gamines. Depuis Auschwitz, chacune avait pris une direction diamétralement opposée dans ses choix de vie ou d'opinions, mais elles ne se fâchaient jamais, elles avaient besoin l'une de l'autre. Le camp, c'était hier, et elles y étaient encore. Pour ma part, ce déjeuner me semblait irréel tant je me demandais par quel miracle je partageais ce moment d'intimité. Terriblement émue, je le confesse, j'avais emporté sans le faire exprès la carte du menu du restaurant.

L'autre ami du camp cher à Simone Veil est Paul Schaffer, dont je fis la connaissance en 2004 dans le cadre de la campagne d'enregistrement de rescapés que m'avait confiée la Fondation pour la mémoire de la Shoah conjointement avec l'INA. Mon objectif : enregistrer à des fins d'archives audiovisuelles cent dix déportés et enfants de déportés. La convention qui lie les deux institutions à peine signée, Simone Veil m'indique, sur un ton catégorique, le nom de Paul Schaffer par lequel il me faut commencer. Ce n'est pas son habitude d'intervenir de cette manière. Je m'étonne. Pourquoi lui ? Est-il malade ? C'est « l'ami de mon adolescence au camp », précise-t-elle à mi-voix. Il l'attend juste à côté. Je découvre un monsieur aux cheveux blancs, blazer bleu marine sur mesure, pantalon de flanelle grise, cravate en soie, le regard bleu derrière des lunettes à monture ultrafine. Au lendemain de la mort de Simone, Paul Schaffer lui rendra cet ultime hommage.

« Admirable et très chère Simone, mes sentiments atteignent pour toi presque ceux que je ressens pour ma propre sœur, gazée le jour de notre arrivée à Auschwitz en 1942, elle avait ton âge et ta beauté. Arrêté avec ma famille en août 1942 dans la zone non occupée, déporté quelques jours plus tard en septembre, je fus affecté en 1944 au petit commando particulier de Bobrek. Nous y étions environ deux cent cinquante hommes et une quarantaine de femmes. C'est là où j'ai vu arriver en juillet 1944, avec quelques autres déportées, Mme Jacob, ta mère, Milou, ta sœur, et toi Simone. C'est à Bobrek que nous nous sommes rencontrés et avons travaillé ensemble jusqu'aux terribles marches de la mort. À de rares moments, nous pouvions parler à travers les grillages qui nous séparaient, nous regardant dans les yeux. Nous étions principalement préoccupés par notre situation et la volonté farouche de survivre, de résister et tenir, coûte que coûte, même si nous pensions notre fin inéluctable. De toutes nos forces, nous partagions le même espoir : vivre, pour au moins connaître la défaite de nos bourreaux. »

L'autre famille

« Ma famille, la vraie, je n'en avais presque plus », raconte Denise dans une émission de radio. Les compagnes de Ravensbrück en tiennent lieu. J'ai plus souvent entendu Denise dire « nous » que « je ». Parler de soi est sans intérêt à ses yeux. C'est déplacé. Mais pas un jour sans qu'elle pense au camp. Le souvenir l'aide à vivre, écrit-elle en 1957 dans *Voix et Visages*.

18 mars 2005. Cercle national des armées, 8, place Saint-Augustin à Paris, près de la gare Saint-Lazare. C'est l'Assemblée générale de l'ADIR. Il est 14 h 15. À la tribune, Denise, 81 ans, parfaitement coiffée comme à son habitude, rouge à lèvres rosé, droite comme un I, prend la parole en tant que secrétaire générale. L'heure est grave. La question se pose : faut-il ou non dissoudre l'association dans la mesure où les survivantes ne sont désormais plus assez nombreuses ? Avant d'ouvrir le débat et de passer au vote, Denise revient sur le rôle joué par leur association : « Entre nous l'amitié demeure, je dirais plus, une vieille affection nous lie. Tendresse même selon les

affinités, tendresse ô combien précieuse, alors que nos générations s'éclaircissent et que nous n'avons pas toutes une famille pour nous choyer et nous soutenir. L'ADIR quoi qu'il en soit est une famille pour chacune d'entre nous. C'est pourquoi je m'adresse à vous sur un ton intime. »

Denise éprouve toujours la même émotion, une sorte d'attendrissement pour les réunions des anciennes, même si les rangs sont de plus en plus clairsemés. Quand je lui rendais visite, elle commençait toujours par déplorer l'isolement ou la maladie de ses compagnes. Elle-même, après une grave chute, avait été hospitalisée aux Invalides, où je lui avais rendu visite. J'avais alors pris conscience de son statut de Grand Invalide de guerre, qui lui donnait le droit d'être soignée dans cet établissement. Son macaron à double barre rouge et bleu derrière le pare-brise de sa voiture, un cabriolet gris, soulignait son passé glorieux.

Habituellement, on déjeunait soit au restaurant du théâtre Le Lucernaire, rue Notre-Dame-des-Champs, soit à la brasserie Le Montparnasse 1900. Aucune place dans la conversation n'était donnée à ses enfants, ses petits-enfants ou aux miens. Revenait sans cesse sur le tapis son sempiternel constat : « La Résistance n'intéresse plus personne ! » disait-elle. J'avais beau essayer de la détromper, elle s'inquiétait. Ce qu'elle avait accompli démontrait le contraire. Écoliers, collégiens, lycéens, étudiants participaient aux voyages de mémoire en France, en Allemagne ou en Pologne, des témoignages avaient été compilés et enregistrés, les archives s'ouvraient, les films sur la guerre passionnaient les Français. Comme Simone, elle exigeait toujours plus, toujours mieux. Rien ne serait jamais à la hauteur. On avait du mal à comprendre, mais on pouvait entendre, et au moins apprendre.

Je me souviens de la rédaction des *in memoriam* qu'elle rédigeait pour rendre hommage aux camarades décédées. Elle pestait contre l'ordinateur, un Mac tout neuf, qui avait remplacé sa vieille machine à écrire. Écrire était pour elle une corvée, mais son devoir l'exigeait. Souvent elle regrettait, disait-elle, ne pas savoir avec précision ce que ces femmes avaient accompli dans la Résistance. Par peur, les prisonnières se taisaient pour ne pas trahir des secrets. Et leur mutisme s'est perpétué pendant des décennies. À peine confiaient-elles les prénoms de leurs maris, compagnons, voire de leurs enfants. Rentrées dans l'anonymat, guère décorées, on ne compte que six femmes Compagnons de la Libération sur les mille soixante et un décorés. Quand de Gaulle accorde le droit de vote aux femmes, c'est pour les remercier de leur patriotisme. Mais peu reçoivent des médailles ou des décorations, car le modèle militaire exige des faits d'armes. Ajoutons à cela la modestie des femmes qui hésitent à faire les démarches pour faire valoir leurs « droits ». Ce sont les raisons qui expliquent la difficulté de reconstituer leurs actions dans la lutte contre l'occupant.

Ce n'est pas faute d'avoir multiplié les appels à ses

camarades dans le bulletin de l'ADIR. Pour Denise, c'est une obligation morale de conserver les documents et objets qu'elles avaient pu sauver de leur captivité, ainsi que les souvenirs qu'elles ont souvent jetés sur du papier dans une sorte d'urgence sans les montrer à leurs proches ou sans les publier. « Vos archives seront notre mémoire ! » explique-t-elle. Du reste, elle faisait toujours bon accueil aux historiens, qu'elle appréciait.

C'est au séminaire d'enseignement et de recherche de Dominique Veillon à l'IHTP (Institut d'histoire du temps présent), rue de l'Amiral-Mouchez, que j'avais vu Denise pour la première fois, en 1990. Dans une salle de cours, se faisaient face les historiens et les témoins. Jean-Pierre Lévy et Denise Vernay, tous les deux très alertes, venaient régulièrement confronter leurs souvenirs aux recherches des historiens, ce qui était la marque de part et d'autre d'un grand respect. Les échanges étaient riches, parfois à fleurets mouchetés, toujours empreints de la même volonté d'établir les faits, rien que les faits, et de les comprendre.

En 1999, quand je réalise pour France Culture une émission consacrée au retour des déportées, je me rends au siège de l'ADIR, présentée par Denise, au 214 boulevard Saint-Germain, au rez-de-chaussée et j'y fais connaissance de Geneviève de Gaulle qui m'accueille par ces mots : « Nous sommes heureuses de témoigner dans votre émission. » Dans la salle de réunion, buvant une tasse de thé, discutent une dizaine de femmes, dont Denise en compagnie de Jacqueline

Fleury, Charlotte Nadel, Jeannine Lherminier. « Nous sommes très passionnées. Nous sommes de vieilles dames animées. Nous l'avons prouvé dans le passé », me dit Geneviève de Gaulle. En effet, cet esprit de camaraderie se sent instantanément. Il y a aussi Carmen Cuervas, avec son accent espagnol, porte-drapeau que j'accompagne le 8 mai 1999 sous l'Arc de triomphe ; j'y ressens cette atmosphère d'une réunion familiale. Elles sont unanimes à affirmer que le retour a été épouvantable : « Nous étions affolées à l'idée de [nous] séparer », témoigne Jeannine Lherminier. « Comment vivre les unes sans les autres ? »

Quelques années plus tard, je sollicitais à nouveau Denise pour les besoins d'une émission sur la chaîne de télévision Histoire consacrée à la déportation. Sans surprise, sa réponse fut négative. Je m'en doutais. Elle avait l'habitude de refuser toute apparition publique. J'insistais et lui demandais de me recommander une de ses camarades. J'invitai Jacqueline Pery d'Alincourt, dont je connaissais l'histoire du mariage. Elle m'avait raconté au micro de France Culture que, la veille de la déclaration de guerre, elle avait épousé un jeune sous-lieutenant, Joseph d'Alincourt. Mais Joseph, fait prisonnier, est conduit en Allemagne où il mourra neuf mois plus tard. Jacqueline devient alors « codeuse » et agent de liaison. Arrêtée, torturée, elle est déportée le 17 avril 1944 à Ravensbrück. Grâce à sa très belle voix, elle aide ses camarades en chantant ou en priant. Son témoignage à l'antenne avait touché. Je remerciais Denise de son aide. Un peu moqueuse, j'entends Denise : « Oui, Jacqueline adore aller à la TV. On la surnomme la "diva" ! » Par une triste ironie du sort, cette femme, si belle et si gracieuse, sera atteinte d'un cancer du visage. Denise lui rendra visite jusqu'à son dernier jour.

Autre compagne du camp, Marie-José Chombart de Lauwe, 91 ans en 2014, qui « parle pour celles qui n'ont jamais pu parler, qui ne sont jamais revenues du grand néant. Elle parle pour celles qui ont longtemps témoigné à ses côtés et se sont tues, comme des chandelles éclairant les consciences qu'on mouche une à une », explique Benoît Hopquin, qui écrit son portrait pour *Le Monde.* Au moment où se prépare l'entrée au Panthéon de Germaine Tillion et Geneviève de Gaulle-Anthonioz, Marie-José Chombart de Lauwe considère que « Charlotte Delbo, Marie-Claude Vaillant-Couturier, Denise Vernay, Anise Postel-Vinay auraient tout autant mérité cet honneur ».

Lumières d'enfance

J'en suis sûre, Simone comme Denise sont restées, au plus profond d'elles-mêmes, les deux jeunes filles pleines de vie pour qui l'horloge se serait arrêtée le jour où elles ont été arrachées à leur existence de Niçoises en robes légères et en espadrilles. En apparence, ce sont des dames sérieuses, convenables et dignes.

Au détour du portrait de Denise donné par la journaliste Ania Francos en 1979 dans son enquête sur les femmes dans la Résistance, cette dernière note la « brutale tendresse qu'elle éprouve pour [Denise] un soir qu'elle me montrait la photo de sa mère ». Elle poursuit : « Aujourd'hui, elle me paraît très belle : elle a encore le teint chaud, l'air épanoui, l'œil limpide, comme sa sœur Simone Veil ; mais elle n'a pas son côté "dame" ; au contraire, elle a des brusqueries d'adolescente pour recoiffer de la main sa frange blonde ; elle fume des cigarillos, et je la soupçonne de se ronger les ongles. »

Un jour où, de concert avec Anise Postel-Vinay,

Denise, au soir de sa vie, explique à la radio quel a été son rôle d'agent de liaison, elle souligne qu'elle savait pourquoi elle avait été déportée. « Ça a mal tourné pour nous », dit Denise. Anise ajoute : « On l'avait bien cherché », et Denise conclut dans un grand éclat de rire dont elle n'est pas coutumière : « On l'avait bien mérité ! » Au lieu de deux vieilles dames, on entend deux gamines insolentes, punies pour avoir désobéi !

De son côté, Simone s'est battue toute sa vie contre toute injustice, et depuis toujours. À 12 ans, elle rêve de devenir avocate. Quand son mari l'en empêchera sous prétexte que ce n'est pas un métier pour une mère de trois enfants, elle bataillera. Lors de son entretien en vue de sa nomination dans la magistrature, la candidate affirmera que « l'expérience de la déportation n'a fait que confirmer cette intention, espérant alors pouvoir faire quelque chose pour les condamnés ou anciens condamnés victimes de leur passé, de leur milieu et de leur misère ».

Alors que Simone évoque son attachement à l'Europe, elle éprouve le besoin d'évoquer sa mère. Jamais elle n'a pu se résigner à sa disparition. Elle se demande sans cesse ce que sa mère ferait, ce qu'elle dirait dans telle ou telle situation. Quand Simone devient ministre de Jacques Chirac, une amie de ses parents lui fait remarquer : « Tu entres dans un gouvernement qui n'aurait pas plu à ta mère ! » Vrai ou faux ? se demande-t-elle. Comment le savoir ? « Je n'ai jamais demandé à mes sœurs », dit-elle avec regret.

Denise et Simone partagent le même sentiment d'être doublement des survivantes. Elles ont échappé à la mort. Elles sont revenues. Mais elles n'ont plus ni parents, ni frère, ni sœur. Leurs enfants n'ont pas de grands-parents de leur côté. Une seule tante, et pas d'oncle. Elles deux seules restent les témoins de leur existence. « C'est tout ce qui reste de la famille », dit sans détour Simone Veil dans un entretien en 2003.

Jusqu'à leur dernier souffle, elles vont rester fidèles à la mémoire de leurs proches. Elles demeurent infiniment attachées à eux. Ce qu'elles aiment, c'est raviver les souvenirs communs d'une enfance partagée, douce et tranquille. C'est aussi une manière d'esquiver la mémoire fragmentée d'après la guerre.

Le plus frappant, c'est de sentir chez elles à quel point elles sont attachées aux valeurs enseignées par leurs parents : la tolérance chère à leur mère qui avait dit à Milou et à Simone juste avant de mourir : « Ne veuillez jamais de mal aux autres, nous savons trop ce que c'est » ; l'humanisme de leur père, son goût de la culture française et de la lecture.

La filiation est claire. Denise est la digne fille de son père, patriote jusqu'au bout des ongles. Lors de la défaite de juin 1940, l'accablement se lisait sur son visage. N'avait-il pas dit à ses enfants : « Jamais on ne se débarrassera des Boches si on ne les tue pas tous ! » La présence du maréchal Pétain à la tête de l'État français l'avait d'abord rassuré. Le sauveur de Verdun protégerait son pays, avait-il pensé avant de prendre conscience des conséquences de l'armistice. C'est pourquoi il avait encouragé Denise à se battre pour défendre son pays. L'ardeur de sa fille lui rappelait peut-être ses propres combats contre les Boches lors de la Grande Guerre. Elle lui ressemblait.

Les disparus

> « Vous avez beaucoup de mémoire… Oui beaucoup. »
>
> Patrick Modiano, *Souvenirs dormants.*

Elles pleurent ensemble la disparition de leurs parents, de Milou et de Jean. En 1962, dix ans après la mort de Milou, Simone se rendra en pèlerinage à Auschwitz, comme elle était allée se recueillir à Bergen-Belsen. Elle fait partie d'une délégation officielle. Par chance, l'INA a conservé les images tournées où on découvre le visage maintenant célèbre de Mme Veil, qui, « jeune, a été détenue ici », précise le commentateur. Elle est venue sans Denise. Elle sait que ses pensées l'accompagnent.

Son enfance n'est jamais loin. Quand le 23 février 2006, avant d'être élu président de la République en 2007, Nicolas Sarkozy laisse entendre que *La Princesse de Clèves*, inscrite au concours de l'administration, ne pouvait pas intéresser une « guichetière », Simone Veil réagit en donnant en exemple sa propre expérience.

Son père si attentionné, qui veillait de près sur ses lectures, puisait dans sa bibliothèque les auteurs classiques dont il vantait le style. Quand il lui avait donné *La Princesse de Clèves*, elle se revoit découvrant l'art de décrire les personnages qui suscite chez elle « un plaisir insoupçonné » jusque-là. Mais surtout, ce qui l'impressionne, « ignorante » comme la plupart des filles de sa génération des choses de la vie, ce sont les relations amoureuses : « La lecture de *La Princesse de Clèves* me faisait découvrir l'amour charnel, l'amour fou, l'amour interdit, et surtout l'amour malheureux. Désormais, je savais que l'amour pouvait faire souffrir d'une souffrance plus violente que toute autre. Sans doute est-ce la lecture de ce roman, ressentie par l'enfant que j'étais, qui, depuis, explique mes sentiments de révolte, lorsque la vie ou la littérature me confrontent à de telles amours qui ne laissent que cendres. »

Elle est restée cette petite fille émerveillée par sa lecture. Je regrette beaucoup de n'avoir jamais pris de notes lors de nos rencontres. J'écoutais les deux sœurs attentivement et je partageais leurs émotions. Peut-être appréciaient-elles justement mon écoute et ma discrétion. Je leur avais simplement expliqué que ma famille avait miraculeusement échappé à la déportation. Née dix ans après la fin de la guerre, j'avais été sensible, dès mon enfance, aux blessures profondes et, la plupart du temps, refoulées de ceux et celles qui avaient connu les persécutions. Ma propre mère s'était engagée dans la Résistance juive, ce qui me rendait d'autant plus proche de Denise. Et, j'entendais les récits des anciens déportés ou de fils et filles de déportés chez mes grands-parents, mes parents ou chez leurs amis. La guerre m'était familière.

J'ai le souvenir de réunions à Arte lorsque je préparais l'édition des audiences du procès de Klaus Barbie à laquelle participait Simone Veil et où elle s'impliquait sans jamais transiger ni laisser passer une approximation. Son soutien m'était précieux, car ma crainte était de commettre une erreur. Tout comme avec Denise, je sentais que tout faux pas me condamnerait.

Quand je sortais du bureau de Simone Veil, qu'elle partageait avec son mari, 10, rue de Rome, je pensais toujours à Denise qui, elle aussi, avait cette volonté permanente d'aller à l'essentiel, sans bavardage inutile, plaçant la conversation d'égal à égal, ce qui ne manquait pas de m'impressionner. Ni l'une ni l'autre ne prenaient à la légère une réaction, un commentaire, une simple information qui leur déplaisaient. Intraitables autant l'une que l'autre pour tout ce qui touchait à la connaissance de la guerre, il me fallait me montrer à la hauteur de leur attente. Elles vous faisaient confiance. Le pire aurait été de les décevoir. Les deux détestaient toute idée de renoncement, de capitulation, de résignation ou d'hypocrisie. Vous n'aviez aucune excuse si vous manquiez à votre devoir. Mais elles aimaient vous aider.

Ce qui me frappait aussi, c'était leur ressemblance. Certes l'une était brune, l'autre blonde, presque blanche. Chignon contre cheveux courts. Le même goût pour les boucles d'oreilles, des clips dorés, souvent de couleur, assortis à leurs tenues. Des yeux limpides. Peu de rides, une peau parfaite. Une voix quasi identique. Toujours des tailleurs, Simone, aux couleurs vives et imprimées, Denise, plutôt des teintes pastel. Rouge à lèvres rosé pour elle, rouge pour Simone. Jamais je ne me serais permis de les complimenter pour leur élégance ; le seul geste que j'ai eu, un jour de tournage, a été de proposer à Simone de nettoyer les verres de ses lunettes, comme je le faisais avec ma propre mère. Et sans la moindre hésitation, elle m'a confié ses lunettes. Autour de moi, on s'étonnait. En réalité, c'était une femme directe et spontanée. Je n'ignore pas ses colères, mais, avouons-le, aucune ne s'est abattue sur moi.

Denise et Simone ne célèbrent pas les mêmes anniversaires et n'y invitent pas les mêmes personnes. Sauf ceux de leurs parents, de Jean et de Milou. En 1994, paraît dans le carnet du *Monde* l'annonce suivante : « À la mémoire de nos parents disparus, arrêtés à Nice. Il y a cinquante ans sont parties de Drancy pour Auschwitz, le 13 avril 1944, par le convoi 71, Yvonne Jacob, décédée à Bergen-Belsen en mars 1945, Madeleine Jacob-Jampolsky, décédée le 14 août 1952. Il y a cinquante ans sont partis de Drancy vers Kaunas (Lituanie) par le convoi 73, sans retour, André-Jacques Jacob, architecte DPLG, croix de guerre 1914-1918, Jean Jacob âgé de 18 ans. »

En 1980, Denise avait entrepris des démarches

en interrogeant les Archives de Bad Arolsen (Allemagne), autrement dit celles du Service international de recherches, placé sous l'égide de la Croix-Rouge, qui contient les registres des camps de concentration. Preuve, s'il en était besoin, qu'elle ne s'est toujours pas résolue à la disparition presque sans trace de son père et de son frère. Les photos d'elle avec son cousin André avant guerre, qu'elle a retrouvées, elle les devait à son petit frère qui avait su capter la profondeur de leur lien. Lui aussi avait disparu. Quelques années plus tard, elle fera planter un arbre à son nom dans la Forêt du souvenir au mémorial de Yad Vashem en Israël.

Pour Denise comme pour Simone, la vie est rythmée par une suite ininterrompue de cérémonies, de réunions, de rassemblements, de rencontres avec les anciens. Le calendrier de l'une est calé sur celui de la Résistance et du camp de Ravensbrück, quand celui de l'autre l'est sur la persécution des Juifs et la libération d'Auschwitz.

J'ai le souvenir d'avoir été invitée par Denise à la première de la représentation, donnée en juin 2007, pour les cent ans de Germaine Tillion, au théâtre du Châtelet à Paris. Il s'agit d'une « opérette-revue », composée de chansons scoutes et de tubes des années 1930, des textes drôles et grinçants, *Le Verfügbar aux Enfers*, que Germaine Tillion a écrite avec ses camarades en se cachant dans une caisse d'emballage. La salle est remplie. Simone n'y est pas.

L'inverse est vrai aussi. Denise est absente le

23 janvier 2005, lors de l'inauguration du Mémorial de la Shoah à Paris, pour lequel j'ai travaillé. Simone Veil découvre le mur de pierre où les noms des soixante-seize mille Juifs déportés de France sont gravés. En toute logique, elle y a trouvé le sien, ceux de ses parents, de sa sœur et de son frère, de ses oncle et tante et de leur petit garçon. « C'est donc seule que j'ai longé ce mur, et que, dans le silence, j'ai cherché, un à un, les noms de mon père, mon frère, puis, aux côtés du mien, les noms de ma sœur, et surtout celui de ma mère, l'être qui a pour moi été le plus cher au monde : ma mère, restée à nos côtés pendant toute la durée de l'épreuve, et grâce à laquelle ma sœur et moi avons trouvé la force de survivre. Jamais je n'oublierai ces derniers mois, ces "marches de la mort" qui nous ont conduites à Gleiwitz, puis le transport dans un froid glacial à Dora et l'arrivée à Bergen-Belsen où l'épuisement, la faim et le typhus ont emporté ses dernières forces. C'est vers elle que vont mes pensées. » Et un peu plus loin : « C'est aussi vers ma sœur Denise, déportée résistante à Ravensbrück, dont le nom ne figure pas sur ce mur, car c'est à elle et à Milou, rentrée avec moi, que je dois d'avoir repris goût à la vie. »

Mardi 16 octobre 2007. 2, avenue Paul-Arène. 11 heures. L'heure est au recueillement. Devant le lycée du Parc-Impérial à Nice, a lieu une cérémonie pour le dévoilement d'une plaque : « À la mémoire des élèves du lycée du Parc-Impérial déportés de 1942 à 1944, assassinés dans les camps d'extermination parce que nés juifs. » Y figure le nom de Jean Jacob (1925-1944).

Des drapeaux tricolores ornent la façade, des gerbes de fleurs, rubans d'associations, une tribune, l'assistance est nombreuse et attentive. Assises au premier rang, côte à côte, les deux sœurs assistent à la cérémonie. Les cheveux immuablement coiffés en chignon, tailleur noir aux fines rayures grises, l'ancien ministre de la Santé, 80 ans, les yeux dans le vague, tient dans ses mains la rose rouge qu'on lui a offerte. À sa gauche, Denise, 84 ans, veste noire, chemisier en soie vert d'eau, cheveux blancs coupés court, lunettes à monture transparente, insigne de commandeur de la Légion d'honneur à la boutonnière, le visage grave. Pour le public, on commémore ce qui s'est déroulé il y a plus de soixante ans, quand, pour elles deux, tout semble s'être passé la veille.

En 2004, soit soixante ans après leur entrée pour l'une à Auschwitz et pour l'autre à Ravensbrück, Denise résume, dans un entretien à *La Croix*, en une phrase le chemin qu'elles ont parcouru : « Aujourd'hui, Simone et moi, nous restons indissociablement liées. Même si Simone a connu la gloire du pouvoir, lorsque nous nous retrouvons, nous ne sommes plus que les deux filles d'Yvonne et André Jacob. »

Épilogue

Denise est morte la première, le 4 mars 2013, à 88 ans. François Hollande, apprenant sa disparition, a rappelé qu'elle avait « œuvré toute sa vie pour transmettre les valeurs de tolérance et de civisme ». Elle était commandeur de la Légion d'honneur, grand-croix de l'ordre national du Mérite, titulaire de la croix de guerre 1939-1945 avec palmes et de la médaille de la Résistance avec rosette.

En mai 2016, le Conseil de Paris décide d'honorer sa mémoire en donnant son nom à l'allée est de l'esplanade Gaston-Monnerville dans le jardin du Luxembourg. À deux pas de son domicile.

Quatre ans après le décès de Denise, en décembre 2017, l'annonce de l'installation de son portrait dans la cellule de la prison de Montluc où fut enfermée Mila réjouit son fils, Laurent Vernay, qui déclare dans *Le Progrès* : « Je suis heureux qu'elle rejoigne son amie Mila. »

Simone a survécu à sa sœur quatre ans et quatre mois. Elle est morte le 30 juin 2017. Un hommage national s'est tenu dans la cour d'honneur des Invalides. Ses deux fils, Jean et Pierre-François, ont su trouver les mots : « Maman. Tes yeux pers dans un visage éclairé reflétaient l'image d'une tragédie indélébile », rappelle son fils aîné. Pour Pierre-François, « cet hommage est ton ultime victoire sur les camps de la mort ».

REMERCIEMENTS

Je n'aurais pas pu écrire ce livre sans Jean et Pierre-François Veil qui ont accueilli mon projet avec bienveillance, amitié et sympathie. Grâce à leur aimable autorisation, j'ai pu consulter le fonds des archives Simone Veil conservé aux Archives nationales. Qu'ils en soient chaleureusement remerciés.

L'enthousiasme et le professionnalisme de Mireille Paolini m'ont accompagnée sans faiblir de bout en bout. Elle a été une lectrice admirable. Qu'elle trouve ici l'expression de ma profonde reconnaissance.

Que soient ici remerciés tous ceux qui m'ont aidée dans mes recherches, et ils ont été nombreux.

Karen Taïeb, responsable des archives du Mémorial de la Shoah, a été un guide merveilleux dans le labyrinthe des fonds d'archives. Je la remercie vivement de m'avoir épaulée sur cette longue route semée d'embûches.

Je remercie tout particulièrement Dominique Veillon qui m'a présenté en 1990 Denise Vernay et m'a guidée dans ce travail.

Je n'oublie pas les remarques de Jean-Marc Dreyfus, toujours aussi pertinentes. Je le remercie infiniment.

Mes remerciements vont aussi à Dominique Bona qui m'a éclairée de ses conseils avisés et chaleureux.

Ma gratitude va à ceux qui ont connu et aimé Simone Veil et Denise Vernay, et qui ont répondu à mes interrogations avec générosité.

Catherine Bernstein, Henri Borlant, Jacques Glowinski, Florence Heilbronn-Dollfus, François Heilbronn, Hubert Heilbronn, Ginette Kolinka, Cyrille Le Quellec, Antoine de Meaux, Marie Rameau, Emmanuelle Royon-Polack, Paul Schaffer, Alice Tajchmann, Annette Wieviorka.

Tous ceux qui, par leurs connaissances ou leurs encouragements, m'ont aidée d'une manière ou d'une autre, qu'ils trouvent ici l'expression de ma profonde reconnaissance : Catherine Baude, Brigitte Benkemoun, Ivan Cadeau, Sylvain Courage, Janine Doerry, Lucie Etchegoyen, Caroline Fontaine, Antoine Grande, Amélie Juan, Adeline Lee, Emmanuel Migeot, Christel Mouchard, Daniel Simon, Philippe Sprang, Milena Stupar, Bénédicte Vergez-Chaignon.

J'ai pu aussi bénéficier de l'aide efficace de Thomas Fontaine et d'Alain Alexandra à la Division des archives des victimes des conflits contemporains.

Le soutien indéfectible et le regard affectueux de mon entourage m'ont permis d'aller jusqu'au bout de la rédaction de ce livre. Merci pour leur patience et leur fidélité.

SOURCES

Sources imprimées

Archives de Bergen-Belsen. Berndt Horstmann et Katia Seybold.

Archives de l'École des surintendantes d'usine. Marion Hirschauer.

Bibliothèque de documentation internationale contemporaine, BDIC.

Archives Denise Vernay.

Fichier du souvenir.

Collection du bulletin de l'ADIR, Voix et Visages, de 1946 à 2005.

Fondation pour la mémoire de la déportation, FMD.

Liste des ouvrages de la bibliothèque de Denise Vernay.

Grégory Chatonsky, *Entretien avec Denise Vernay*, in CD-Rom *Mémoire de la déportation*, Fondation pour la mémoire de la déportation, 1998.

BNF.

Site Retronews. *Ce soir*, *L'Aube*, *Paris-Soir*, *Franc-Tireur*, *Combat.*

Mémorial de la Shoah. Fonds Jacob.

Madeleine Jacob. Journal de Madeleine Jacob, dite Milou. Bergen-Belsen. Février-mars 1945.

Denise Vernay. Madeleine Jampolsky, née Jacob, dite Milou. Portrait en creux. 18 mars 1923-14 août 1952.

Archives relatives à la déportation de la famille Jacob. Karen Taïeb.

Photothèque Lior Smadja.

Bibliothèque Ariel Sion.

Service historique de la Défense.

Division des Archives des victimes des conflits contemporains. Alain Alexandra.

Holocaust Mémorial Museum (Washington). Michlean Lowy Amir.

Archives nationales.

Fonds Simone Veil (1882-2014) (688AP), établi par Pascal David-Dormian, secrétaire de documentation.

Fonds ENA, dossier Antoine Veil, AJ44bis1528, dossier 768.

Fonds ministère de l'Éducation nationale, Académie de Paris, Bourses d'enseignement supérieur accordées pour faits de guerre. AJ16/8850.

Archives de Denise et Alain Vernay. L'inventaire établi par Patricia Gillet, conservatrice générale du Patrimoine, est un guide très précieux. Faute d'autorisation de dérogation, je n'ai pas pu le consulter.

Archives INA/FMS.

Fonds d'entretien de la série *Mémoire de la Shoah*. FMS/INA. Marceline Loridan-Ivens, entretien réalisé par Antoine Vitkine le 31 août 2005 et Paul Schaffer, entretien réalisé par Catherine Bernstein le 12 juillet 2005.

Sources audiovisuelles

Archives de l'INA.

Interviews de Simone Veil

– Elles sont très nombreuses. En voici une sélection.
Nous n'oublions pas, ORTF, 1er janvier 1962.
Jacqueline Dubois, *Portrait*, TF1, 10 avril 1975.
Jean-Émile Jeannesson, *Deux ou trois choses qu'elle nous dit d'elle*, TF1, 2 septembre 1976.
Laure Adler, *Les Grands Entretiens du siècle*, A2, 2 décembre 1997.
Pascale Clark, *En aparté*, Canal plus, 20 novembre 2004.

– Autres enregistrements
Robert Buckley, *United States Holocaust Memorial Museum Collection*, 27 octobre 1993.
Malka Markovich, *Paroles de libérés*, ENS de Lyon, 7 mars 1997.
Serge Moati, *Exposition permanente*, Mémorial de la Shoah, 2005.
AKADEM, 28 septembre 2010.

– Documentaires
David Teboul, *Simone Veil, une histoire française*, Arte, 2004.
Caroline Huppert, *Simone Veil. La loi d'une femme*, France 5, coll. « Empreintes », DVD, 2008.
Virginie Linhart, *Après les camps, la vie*, France 3, 2009.
Laurent Delahousse, *Un jour, un destin*, 28 octobre 2014.
Jean-Marc Gosse, *Simone Veil. Destin courage*, DVD, 2017.
Hugues Nancy, *Simone Veil, album de famille*, France 3, 2018.

– Radio
Réponse à tout, Radiodiffusion, 3 mars 1947.

Patrice Gélinet, *1945, la fin des camps*, France Culture, 4 avril 1975.
Jacques Chancel, *Radioscopie*, France Inter, 6 mai 1975.
Antoine Mercier, *Mémoires vives*, RCJ/FMS, 2005.
Frédéric Mitterrand, *Ça me dit l'après-midi*, France Culture, 13 janvier 2007.

Interviews de Denise Vernay

– TV
Il faudra que je me souvienne, Jacques Rutman, 30 avril 1967.
Femmes dans la tourmente ou le temps de misère, Guylaine Guidez, 4 août 1989.
Femmes dans la tourmente ou le temps du courage, Guylaine Guidez, 18 août 1989.
Paroles de résistants, Jean-Marie Cavada, *La Marche du siècle*, 1993.
Exposition Germaine Tillion, France 3, Journal 19/20, 20 juillet 2004.
Hommage à Germaine Tillion, TF1, Journal de 20 heures, 20 avril 2008.
Témoignage enregistré pour le Concours national de la Résistance, 2012.

– Radio
Emmanuel Laurentin, *La Poste ou l'Histoire des communications*, *La Fabrique de l'histoire*, France Culture, 4 décembre 2012.
—, *Hommage à Denise Vernay*, *La Fabrique de l'histoire*, France Culture, 8 mars 2013.
Pierre-Yves Leprince, *Résister, c'est dire*, France Culture, 1er février 1975.

Dominique Missika, *Voix et Visages au retour de Ravensbrück*, *Nuits magnétiques*, France Culture, 4 juin 1999.

– Documents

Jeannine Guidollet, *Denise Vernay-Jacob (1924-2013), dite Miarka ou Annie, mouvement Franc-Tireur*, Fondation de la Résistance, 2016.

Aleth et Pierre Kerleroux, « Une jeune résistante face à la répression. Entretien avec Denise Vernay », in *Historiens et géographes*, n° 413, janvier-février 2011.

Ouvrages de Simone Veil

Simone Veil, *Une vie*, Stock, 2007.

—, *Discours, 2002-2007*, préface d'Anne-Marie Revcolevschi, Le Manuscrit. Témoignages de la Shoah (Fondation pour la Mémoire de la Shoah), 2007.

—, *Mes combats*, préface de Jean Veil et de Pierre-François Veil, Bayard, 2016.

Simone Veil et Annick Cojean, *Les hommes aussi s'en souviennent. Discours du 26 novembre 1974*, suivi d'*Un entretien avec Annick Cojean*, Stock, 2004.

Témoignages des contemporains

Odette Abadi, *Terre de détresse, Birkenau-Bergen-Belsen*, préface d'Annette Wieviorka, La Découverte, coll. « Témoins », 1992.

Louise Alcan, *Sans armes et sans bagages*, Les Imprimés d'art, 1947.

Aaron Appelfeld, *L'Héritage nu*, éd. de l'Olivier, 2006.

Collectif, *Rencontres avec Violette Maurice*, Tirésias, 2012.
Charlotte Delbo, *Aucun d'entre nous ne reviendra*, éd. de Minuit, 1970.
—, *Qui rapportera ces paroles ?, et autres écrits inédits*, Fayard, 2013.
Marguerite Duras, *La Douleur*, éd. de Minuit, 1985.
Philippe Erlanger, *La France sans étoile*, Plon, 1974.
Geneviève de Gaulle et Germaine Tillion, *Dialogues*, Plon, 2015.
Anna Langfus, *Les Bagages de sable*, Gallimard, 1962.
Primo Levi, *La Trêve*, Le Livre de Poche, 2003
Marceline Loridan, *Ma vie Balagan*, Robert Laffont, 2006.
Micheline Maurel, *Un camp très ordinaire*, éd. de Minuit, 1957.
Violette Maurice, *N.N. Nacht und Nebel. Nuit et Brouillard*, SPER, Saint-Étienne, 1946, rééd. Encre marine, 1991.
—, *Incandescence*, Encre marine, 2004.
Violette Maurice, Marielle Larriaga, *Les Voix de la mémoire, échos des camps de concentration*, Éditions lyonnaises d'art et d'histoire, 1999.
Charles Mitzner, *Seuls au monde*, Le Manuscrit-FMS, coll. « Témoignages de la Shoah », 2010.
Sarah Montard, *Chassez les papillons noirs*, Le Manuscrit-FMS, coll. « Témoignages de la Shoah », 2011.
Anise Postel-Vinay, *Vivre*, Grasset, 2015.
Claude Roy, *Lettres françaises*, 28 avril 1945.
Paul Schaffer, *Le Soleil voilé*, Société des écrivains, 2003.
Jorge Semprún, *L'Écriture ou la Vie*, Gallimard, 1994.
Anne-Lise Stern, *Le Savoir-Déporté*, éd. du Seuil, 2004.
Germaine Tillion, *Les Françaises de Ravensbrück*, Gallimard, 1965.
—, *Ravensbrück*, éd. du Seuil, 1973 et 1988.

Marie Vaislic, *Seule à quatorze ans à Ravensbrück et Bergen-Belsen*, préface Michel Lasry, Le Manuscrit-FMS, coll. « Témoignages de la Shoah », 2014.
Antoine Veil, *La Mémoire longue*, Plon, 1991.
—, *Les Années de sable*, Flammarion, 1994.
Elie Wiesel, *Tous les fleuves mènent à la mer*, éd. du Seuil, 1996.

Au nombre des ouvrages et des articles qui m'ont aidée, voici les plus utiles

Jean-Michel Chaumont, *La Concurrence des victimes. Génocide, identité, reconnaissance*, La Découverte, 2010.
Agnès Chauveau, « Portrait. Simone Veil, le courage dans la peau », *Émile Magazine*, novembre 2016.
Jean-Marc Dreyfus, *Ami si tu tombes… Les déportés résistants des camps au souvenir 1945-2005*, Perrin, 2005.
Pierre-Emmanuel Dufayel, *Un convoi de femmes*, Vendémiaire, 2014.
Ghislaine Dunant, Charlotte Delbo, *La Vie retrouvée*, Grasset, 2016.
Didier Epelbaum, *Pas un mot, pas une ligne*, Stock, 2005.
Thomas Fontaine, *Les Oubliés de Romainville*, Tallandier, 2005.
Ania Francos, *Il était des femmes dans la Résistance*, Stock, 1978.
Violaine Gelly et Paul Gradvohl, *Charlotte Delbo*, Fayard, 2017.
Alain Genestar, *Pour mémoire*, Grasset, 2018.
Sarah Helm, *Si c'est une femme. Vie et mort à Ravensbrück*, Calmann-Lévy, 2016.
Serge et Beate Klarsfeld, *Mémoires*, Fayard, 2015.
Christine Levisse-Touzé (dir.), *Les Femmes dans la*

Résistance en France, Actes du colloque international de Berlin, 8-10 octobre 2001, organisé par le Mémorial de la Résistance allemande de Berlin et le Mémorial du général Leclerc de Hauteclocque et de la Libération de Paris, Tallandier, 2003.

Marie-Anne Matard-Bonucci, *La Libération des camps et le retour des déportés*, Complexe, 1999.

Philippe Mezzasalma, « L'ADIR ou une certaine idée de la déportation des femmes en France », in *Matériaux pour l'histoire de notre temps*, n° 69, janvier-mars 2003.

Éric Monnier et Brigitte Exchaquet-Monnier, *Retour à la vie. L'accueil en Suisse romande d'anciennes déportées françaises de la Résistance (1945-1947)*, AIPHIL, 2013.

Jean-Louis Panicacci, *L'Occupation italienne du sud-est de la France, juin 1940-septembre 1943*, Presses universitaires de Rennes, 2010.

Marie Rameau, *Des femmes en résistance, 1939-1945*, Autrement, 2008.

—, *Souvenirs*, La ville brûle, 2015.

Maurice Szafran, *Simone Veil, un destin*, Flammarion, 1994.

Dominique Veillon, *Le Franc-Tireur. Un journal clandestin, un mouvement de Résistance, 1940-1944*, Flammarion, 1977.

—, *L'Association de déportées et internées de la Résistance*, in *Mémoire de la Seconde Guerre mondiale*, Actes du colloque de Metz, 6-8 octobre 1983, Centre d'histoire et de civilisation de Metz.

—, *Mémoires d'un Franc-tireur, itinéraire d'un résistant (1940-1944)*, Complexe, 1998.

Annette Wieviorka, *1945. La Découverte*, Points, 2016.

—, *Déportation et Génocide. Entre la mémoire et l'oubli*, Pluriel, 2013.

—, *Simone Veil, réflexions d'un témoin*, Pardès, 1992.
Olivier Wieviorka, *La Mémoire désunie. Le souvenir politique des années sombres, de la Libération à nos jours*, éd. du Seuil, 2010.
Olga Wormser-Migot, *Le Retour des déportés. Quand les Alliés ouvrirent les portes*, Complexe, 1985.

Table

TROISIÈME PARTIE

QUATRIÈME PARTIE

DE LA MÊME AUTEURE :

Le Chagrin des innocents
Itinéraires d'enfants juifs de 1939 à 1947
Grasset, 1998

La guerre sépare ceux qui s'aiment
1939-1945
Grasset, 2001

Petit Louis
Histoire d'un héros de la Résistance
Hachette littératures, 2002

Je vous promets de revenir
1940-1945, le dernier combat de Léon Blum
Robert Laffont, 2009, 2020

Enfances
Un siècle d'histoire
Armand Colin, 2011

Berty Albrecht
Perrin, « Tempus », 2013

L'Institutrice d'Izieu
Points, Documents, 2016

Les Françaises au XXe siècle
Seuil, 2014

Thérèse, le grand amour caché de Léon Blum
Alma, 2016

PAPIER À BASE DE FIBRES CERTIFIÉES

Le Livre de Poche s'engage pour l'environnement en réduisant l'empreinte carbone de ses livres. Celle de cet exemplaire est de :
200 g éq. CO_2
Rendez-vous sur www.livredepoche-durable.fr

Composition réalisée par MAURY-IMPRIMEUR

Achevé d'imprimer en France par
CPI BRODARD & TAUPIN (72200 La Flèche)
en février 2020
N° d'impression : 3037810
Dépôt légal 1re publication : mars 2020
LIBRAIRIE GÉNÉRALE FRANÇAISE
21, rue du Montparnasse – 75298 Paris Cedex 06

21/0188/0